KB210479

불교한문 해석법

불·교·한·문
해·석·법

정천구 지음

민족사

머리말

    불교란 '붓다의 가르침'을 뜻하는 말인데, 무얼 가르친다는 것인가? 고(苦)·집(集)·멸(滅)·도(道) 네 가지 진리를 가르친다. 이 네 가지를 가르치는 데 무슨 말을 그리도 많이 했기에 '팔만대장경'이니 '팔만사천법문'이니 하는가? 당연히 '팔만'이라는 숫자는 무수히 많다는 뜻일 텐데, 왜 가르침이 그토록 많은 것인가? 궁극의 진리는 하나지만, 거기에 이르는 길은 무수히 많고 중생들의 근기가 저마다 다르기 때문이다.

    불교를 달리 불도(佛道)라고도 한다. 그것은 '붓다의 길'이면서 '붓다가 되는 길'이다. 이미 싯다르타 고타마가 출가해서 갖가지 수행을 거쳐 깨달음에 이른 길이기도 하지만, 그를 본받아 깨달음을 얻고자 하는 무수한 중생이 또한 가기를 간절히 바라는 길, 가야 할 길이기도 하다. 불교는 붓다와 중생 사이에 놓인 길이면서 그 둘을 이어주는 다리이기도 하니, 불교(佛橋)라 말해도 되겠다.

    참으로 붓다가 되고자 하는 이라면 복되다 말할 수 있으리라. 이렇게 붓다가 자비심으로 무수히 많은 길을 펼쳐 놓고 다리를 놓아

두었으니 말이다. 게다가『화엄경』에서는 "아뇩다라삼먁삼보리의 마음을 내는 것, 이를 초발심(初發心)이라 한다"라고 하고 또 "초발심을 내면 곧바로 아뇩다라삼먁삼보리를 얻는다"라고도 하지 않았던가. 깨닫겠다는 마음만 낸다면 깨달음을 얻는 일이 일사천리로 이루어진다는 뜻인데, 일단 기뻐하고 볼 일이다. 그러나 곧 의문이 든다. 그렇게 간단하고 쉬운데, 어찌 그 많은 길을 열고 다리를 놓으셨을까?

다시『화엄경』으로 돌아가면 맞닥뜨리게 되는 대목이 있다. "삼세의 모든 부처님은 초발심으로부터 보살행을 닦으시고 으뜸가는 정각(正覺)을 이루셨다." 그렇다, 보살행을 닦아야 정각을 이루고 아뇩다라삼먁삼보리를 얻는다. 길은 있으나, 그 길을 닦아야 하는 이는 낱낱의 중생들이다. 붓다가 닦는 일은 없다. 닦는 일이 없어 붓다 아닌가. 다리가 있으나, 그 다리를 건너야 하는 이 또한 낱낱의 중생들이다. 붓다가 건널 일은 없다. 이미 건넜으므로.

우리가 불교경전을 읽는 이유가 여기에 있다. 경전마다 갖가지 길을 담고 있고, 경전마다 차안에서 피안으로 건너갈 다리를 품고 있다. 그런데 그 길을 가고 그 다리를 건너야겠는데, 경전 속에 길도 다리도 있다는 소식은 들은 적이 있어서 찾아보고 싶은데, 통 보이지 않는다. 청맹과니 중생이라서 그렇다. 뜻이 있으면 길이 있다고 했던가? 지당한 말이다. 아뿔싸, 어쩔거나! 길은 있는데, 보이지 않으니.

붓다는 마흔아홉 해 동안 팔만사천법문을, 그리 많은 '법문(法門)'을 세우느라 여념이 없었는데, 그리고 붓다가 열반에 드신 뒤에 그 제자들이 법문이라고 푯말까지 떡 하니 세워 두었는데, 이 중생들은 그 문을 들어서지 못하고 발만 동동 구르고 있다. 법으로 들어가는 문을 도무지 찾지를 못하고 있으니, 쯧쯧! 그러니, 어디 길이 있다 한들 한 발짝이나 내디딜 수 있겠는가? 다리가 있다 한들 무지개나 다름이 없지 않은가!

그 법문을 밀치고 들어가려면, 읽고 이해하고 깨닫는 눈이 있어야 한다. 우리 동아시아인들이 오래 전부터 맞닥뜨린 법문은 '한문(漢文)'으로 세워져 있었다. 옛날에도 그 한문을 제법 터득한 이라야 법문을 밀칠 깜냥이나 되었다. 하물며 오늘날에야! 물론 이제는 주요한 많은 경전들이 번역되어 나와 있어서 굳이 한문을 익힐 까닭이 없지 않은가 하고 반문할 이가 있으리라. 과연 잘 된 번역이 얼마나 될까? 설령 잘 된 번역이 있다 한들 그것으로 충분할까? 번역은 끝없이 새로 이루어지는 작업이다. 완벽한 번역이 있을 수 없기 때문이기도 하지만, 시대가 달라지면 그 시대에 맞는 번역이 또 필요하기에.

한문으로 단단하게 봉해진 법문을 밀치고 들어설 이는 옛날에도 적었고, 오늘날에도 적다. 앞으로는 더욱 적을지 모른다. 어쨌거나 그 적은 사람이 한문을 익히지 않은 대중을 위해 이 법문을 제대로 밀어서 열어 두어야(번역해야) 하는데, 그러기 위해서는 그들이 한문을 제대로 익히는 것이 선결요건이다. 그러나 그저 익혀서 될 일은 또 아니다. 그 오묘한 이치를 풀어 밝힐 수 있도록, 즉 온전히 해석할 수 있도록 익혀야 한다. 그 해석의 실마리를 제공해 주는 것이 이른바 문법(文法)이다.

불교경전을 이루는 한문 즉 불교한문의 문법은 법문의 관건(關鍵)이다. 법으로 들어가는 문을 열게 해 줄 열쇠다. 우리나라에는 이제까지 이런 열쇠가 거의 없었던 것 같다. 아마도 필요를 느끼지 못했기 때문이리라. 그러나 이제는 필요하다. 더 이상 한문의 시대도 아니고, 또 그저 백 번 읽으면 문리(文理)가 절로 트이리라는 요행을 바라는 것도 적절하지 않기에. 붓다의 가르침을 제대로 읽어내어 그 오묘한 이치의 맛이라도 느끼기 위해서는 이 열쇠를 소홀히 해서는 안 되리라 생각한다.

이제 여기 '불교한문 해석법'이라는 책을 내놓으니, 독자들께서는 법문을 열어줄 열쇠쯤으로 여겨주신다면 고맙겠다. 물론 이 책으로 충분하지 않을 줄 안다. 빠진 것도 적지 않을 것이고, 잘못 쓴 부분도 있을 것이다. 번역이나 해석에서도 착오가 있으리라. 눈 밝은 독자의 따끔한 지적과 질책을 기대한다.

20대에 한문을 공부하기 시작하고 불교의 세계에 발을 들여놓은 뒤로, 또 유교와 불교의 고전 몇 권을 번역하면서도 '한문 문법'에 대한 책을 쓸 생각은 해본 적이 없었다. 내 전공도 아닐 뿐더러 능력도 모자라다 여겼기 때문이다. 그러다 10여 년 전, 민족사 윤창화 대표께서 갑자기 나에게 전화를 주셨다. 윤창화 대표는 불교한문을 독해하기 위한 문법서가 필요하다며 일본 학자의 책을 번역해 주기를 바란다고 했다. 그 책을 읽어본 뒤에 나는 굳이 번역하는 것보다는 내가 쓰겠다는 말을, 겁도 없이 입 밖에 냈다. 그 까닭은 그 책이 『법화경』을 중심으로 문법을 다루었고, 어순에 대한 것 외에는 문법적 내용이 어지럽게 뒤섞여 있어서였다. 한국의 독자들이 즐겨 읽는 여러 경전들을 자료로 삼을 필요도 있고, 문법을 좀 더 체계적으로 정리해서 제시할 필요도 있어서였다. 이런 내 생각을 윤창화 대표는 흔쾌히 받아주셨다.

그런데 그게 참으로 겁이 없는 말이었다. 작업을 시작하려고 보니, 여간 어려운 게 아니었다. 체재나 구성을 어떻게 할지, 어떤 경전들을 중시할 것인지, 논서와 어록도 다룰지 말지 따위 문제가 한둘이 아니었다. 가장 큰 문제는 내 능력이었지만. 그 와중에 또 이미 시작한 다른 작업들, 예정된 작업들이 있어서 이 책은 차일피일 미루어졌다. 무늬만 불자가 염불하듯이 "책을 써야 하는데! 책을 써야 하는데!"라는 염서(念書)만 띄엄띄엄 했다고나 할까. 그러다 훌쩍 10년이 지났다. 더 늦출 수 없었고, 너무 염치없는 꼴이 되었다.

그나마 이렇게 해를 넘기지 않고 끝낼 수 있었으니, 다행이다. 그 동안 아무런 채근도 하지 않고 기다려주신 윤창화 대표께 마음 깊이 감사를 드린다. 또 이 책이 제 꼴을 갖추도록 애써주신 민족사 편집부에도 감사드린다.

2019년 12월 금정산 자락 삼매당(三昧堂)에서
야매(野昧) 정천구 쓰다

일러두기

1. 이 책의 예문들은 주로 아래 다섯 경전들에서 끌어 왔다. 『大正新修大藏經』에서 원문을 인용했으므로 거기에 매겨진 숫자만 표시한다.(그 밖에 한두 차례 언급되는 경전이나 논서에 대해서는 굳이 밝히지 않는다.)

   • 『金剛經』, 鳩摩羅什 譯, No. 235
   • 『維摩詰所說經』, 鳩摩羅什 譯, No. 475
   • 『妙法蓮華經』, 鳩摩羅什 譯, No. 262
   • 『大方廣佛華嚴經』, 實叉難陀 譯, No. 279
   • 『楞嚴經』, 般刺蜜帝 譯, No. 945

2. 인용한 예문마다 번호를 붙였다. 예문 끝에는 경전의 명칭을 밝혀 두었고, 여러 권으로 이루어져 있거나 품(品)으로 구분되어 있을 경우에는 아울러 표시했다. 또 예문의 번역 어투는 서로 다른데, 이는 본래 경전의 맥락 속에서 번역했기 때문임을 밝혀 둔다.

3. 참고하고 도움 받은 문헌은 다음과 같다.

- 『중국문언문법』, 楊伯峻 지음, 윤화중 옮김, 청년사, 1989
- 『한문을 어떻게 읽을 것인가』, 鮑善淳 지음, 심경호 옮김, 이회문화사, 1992
- 『고급한문해석법』, 관민의 지음, 서울대동양사학연구실 옮김, 창작과비평사, 1994
- 『선어록 읽는 방법』, 秋月龍珉 著, 혜원 역, 운주사, 1996
- 『고전 중국어 문법 강의』, 에드윈 풀리블랭크 지음, 양세욱 옮김, 궁리, 2005
- 『佛教漢文の讀み方』, 金岡照光, 春秋社, 1980
- 『佛教漢文入門』, 伊藤 丈, 大藏出版, 1995
- 『大智度論による佛教漢文解讀法』, 伊藤 丈, 大藏出版, 2003

차 례

제4장 동사

제5장 형용사

제6장 부사

제7장 부정사

제8장 개사

제9장 연사

제12장　문말 조사

제1장 품사와 문장 구조

한문[1] 문법을 말하면서 많은 학자들이 자(字)와 사(詞)를 구분해서 쓰는데, 과연 그렇게 할 필요가 있는지는 의문이다. 대개 자(字)는 소리를 갖는 문자 부호로, 사(詞)는 일정한 의미를 갖는 최소 단위로 간주한다.[2] 그런데 한문에서는 애초부터 자(字)가 곧 사(詞)였다. 한자(漢字)를 표의문자라 하는 것도 글자 한 자 한 자가 그대로 소리 단위이면서 의미 단위이기 때문이다. 따라서 자와 사를 굳이 구분해서 쓸 필요는 없다고 생각한다.

(1) 품사

품사는 모든 문법 체계의 시작이며 기초다. 품사는 문법적으로

---

1) 중국에서는 현대 중국어 또는 현대 한어(漢語)에 대해 근대 이전의 한문을 대개 '문언(文言)'이라 하는데, 이 책에서는 우리에게 친숙한 '한문'이라는 용어를 그대로 쓰기로 한다. 또 낱낱의 글자에 대해서도 '한자'라는 용어를 쓴다.
2) 자(字)는 우리말의 '음절'에, 사(詞)는 '어절'에 해당한다고 볼 수 있다. 그런데 우리말에서는 음절은 소리 단위이며, 어절이 의미를 갖는 최소 단위다. '어깨'는 두 음절인 어절이다. 음절 낱낱은 아무런 뜻이 없다. 물론 '입'과 같이 한 음절이면서 어절인 경우도 있으나, 원리상으로는 음절과 어절이 명백하게 구분된다. 그러나 한문에서는 기본적으로 음절이 곧 어절이다. 뜻글자이기 때문이다.

공통된 성질을 가진 낱말끼리 모아서 분류해 놓은 것이다. 우리말에서 꽃, 바람, 바위 따위는 명사다. 그것, 저것 따위는 대명사다. 가다, 먹다 따위는 동사고, 예쁘다, 푸르스름하다 따위는 형용사이며, 하나, 둘째 따위는 수사다. 대개의 언어는 낱말마다 이런 품사가 정해져 있다. 한자도 마찬가지다.

대개 한자의 품사를 분류할 때는 크게 실사(實詞)와 허사(虛詞)로 구분한다. 실사는 실질적인 의미를 가지고 단독으로 쓰이는 글자로, 명사·대명사·동사·형용사 따위가 이에 속한다. 허사는 문법적 관계를 나타내면서 실사를 돕는 구실을 하는데, '于, 於, 乎' 따위 개사(介詞, 전치사)가 대표적이다.

다른 언어와 마찬가지로 한자도 하나의 글자가 여러 품사로 쓰이기도 한다. 소리글자는 대체로 품사에 따라 글자 형태가 달라지지만, 한자는 전혀 달라지지 않은 채 쓰인다. 즉, 우리말에서 '먹다'라는 동사가 명사로 쓰일 때는 '먹기'나 '먹음'으로 형태가 바뀐다. 영어의 경우에 'think'(생각하다)는 명사로 쓰일 경우에 'thinking'이나 'thought'로 바뀐다. 그러나 한자는 글자의 형태는 그대로이면서 문장 안에서 어떤 글자들과 결합하는지, 어떤 위치에 놓이는지, 어떤 기능을 하는지에 따라 품사가 달라지고 그 의미도 달라진다. 명사가 동사나 형용사로 쓰인다거나 동사가 명사로 쓰이는 일, 수사가 형용사나 동사로 쓰이는 일 따위가 그러하다. 특히 불교 경전을 한역(漢譯)하는 과정에서 나타난 새로운 어휘들 가운데는 품사를 특정하기 어려운 경우가 적지 않다. '莊嚴'이나 '布施' 따위의 쓰임을 보면, 명사인지 동사인지 또는 형용사인지 알기 어렵다. 따라서 한자의 품사는 문맥을 통해 파악해야 하는 어려움이 있다. 이는 품사를 파악하는 일이 해석에서 아주 긴요함을 의미한다.

1-1 若菩薩不住相布施, 其福德不可思量.(金剛經)
　　만약 보살이 상에 머물지 않고 보시한다면, 그 복덕은 헤아릴 수 없다.
1-2 菩薩無住相布施福德亦復如是.(金剛經)
　　보살이 상에 머물지 않고 보시한 복덕 또한 이와 같다.

'布施'가 1-1에서는 '보시하다'는 뜻의 동사로 쓰였다면, 1-2에서는 바로 앞에 나온 '無住相'의 수식을 받으면서 뒤의 '福德'을 꾸미는 형용사로 쓰였다. 물론 1-2의 '布施'를 1-1에서처럼 해석할 여지도 있다. "보살이 상에 머물지 않고 보시한다면, 그 복덕 또한 이와 같다"로 풀이한다면, 동사로 쓰인 셈이 된다. 그러나 이는 문법적으로 적절하지 않다. 가정을 나타내는 '若'이 없을 뿐만 아니라 '福德'을 '如是'의 주어로 만드는 '其' 또한 없기 때문이다. 따라서 문장 안에서 정확하게 어떤 위치에 있는지, 어떤 기능을 하는지 꼼꼼하게 살필 필요가 있다.

(2) 문장 구조

통사적(統辭的)으로 한문 문장은 크게 주어에 해당하는 부분과 술어에 해당하는 부분 둘로 이루어진다. 주어는 행위나 상태의 주체가 되는 문장 성분을 이르며, 술어는 주어의 행위나 상태, 성질 따위를 풀이하는 문장 성분이다. 이런 구조나 관계를 '주술 구조 또는 주술 관계'라 한다.

1-3 意識常現起.(『唯識三十論頌』)
의식은 늘 일어난다.

1-4 善男子善女人發阿耨多羅三邈三菩提心.(『金剛經』)
선남자 선여인이 아뇩다라삼먁삼보리심을 일으킨다.

일반적으로 명사 또는 명사구가 주어가 된다. 1-3에서는 '意識'이, 1-4에서는 '善男子善女人'이 주어다. 술어에는 동사가 가장 많이 쓰이는데, 1-3에서는 '現起'가, 1-4에서는 '發'이 동사로서 술어가 된다. 또 1-3처럼 동사로만 된 술어도 있고, 1-4처럼 목적어를 동반하는 술어도 있다.

그런데 주어를 문맥에서 파악할 수 있을 경우에는 그 주어가 생략되는 경우도 적지 않다.[3]

1-5 若見諸相非相, 卽見如來.(『金剛經』)
만약 모든 상이 상 아님을 본다면, 곧바로 여래를 보리라.

---

3) 한국어의 특성으로 주어 생략을 드는 경우가 많은데, 한문에서도 주어가 생략되는 일은 매우 흔하다. 따라서 주어 생략은 한국어만의 특성이 아니다.

위 예문은 앞의 예문 1-1처럼 '若'이 쓰인 가정문이다. 그런데 1-1에서는 주어인 '菩薩'이 밝혀져 있지만, 여기서는 주어가 생략되어 있다. 그러면 주어는 누구인가? 『금강경』에서 위 문장의 앞뒤 문맥을 통해 헤아려보면, 생략된 주어는 일차적으로 부처님의 말씀을 듣고 있는 수보리(須菩提)와 청중들이다. 그리고 문맥을 떠나 보편적인 의미에서 논하자면, 『금강경』을 읽는 독자들 또는 모든 불교 수행자들이다.

또 위 예문은 복문(複文), 즉 주술 관계가 둘 이상으로 되어 있는 문장이다. '見'의 목적절인 '諸相非相'(모든 상은 상이 아니다)은 그 자체로 '주어+술어' 형식의 온전한 문장이다. 이렇게 큰 문장 안에서 하나의 성분으로 구실하는 작은 문장을 한국어 문법에서는 '안긴문장'이라 하고, 큰 문장은 '안은문장'이라 한다. 한문에도 이런 문장이 많다.

술어가 행위나 동작을 나타내는 문장은 '~은/는 ~하다'로 해석되는데, 당연히 술어는 동사 또는 동사구다. 이와 달리 '~은/는 ~이다'로 해석되는 형태의 구문도 있다. 이 구문에서는 술어 자리에 명사 또는 명사구가 놓인다.

1-6 道人告王: "我眞忍辱者." (『中本紀經』 卷上)

도인은 왕에게 말했다. "나는 진정한 인욕자(참으로 욕됨을 참는 자)입니다."

전체 문장의 주어는 '道人'이고, 술어는 '告王'으로 '동사+목적어' 형태다. 따옴표 안의 문장은 또 하나의 목적어로 볼 수 있는데, 그 형태가 '~은/는 ~이다'로 해석되는 구문이다. 주어는 '我'이며, '眞忍辱者'가 술어다. '眞忍辱者'에서 '者'는 앞의 '眞忍辱'(부사+동사+목적어)을 명사화하는 글자다.[4] 만약 '者'가 없다면, "나는 참으로 욕됨을 참는다"라고 해석되어 '~은/는 ~하다'라는 형태의 구문이 된다.

1-7 其名曰等觀菩薩.(『維摩詰所說經』「佛國品」)
그 이름은 등관보살이다.

'曰'은 기본적으로 '말하다, 이르다'는 뜻의 동사다. 『논어』에서 거듭 나오는 '子曰'이 대표적인데, '~가/이 ~하다'라는 형태의 구문을 이룬다. 그런데 위 예문에서는 그렇게 보기 어렵다. 왜냐하면 주어에 해당하는 '其名'이 행위나 동작의 주체가 될 수 없기 때문이다. 문맥으로 보자면, 영어의 be 동사처럼 또 한문에서 be 동사에 해당하는 '是'(~이다)처럼 쓰였다. '曰'이 이렇게 쓰이는 경우는 불교경전에서 특히 많이 볼 수 있다. 물론 아래 예문처럼 '曰'이 본래 의미로 쓰이는 경우도 많다.

1-8 於是, 彌勒菩薩欲重宣此義, 以偈問曰.(『妙法蓮華經』序品」)
이에 미륵보살은 이 뜻을 거듭 펼치려고 게송으로써 물

---

4) '者'가 명사화하는 데 대해서는 2장 (5)에서 다루었다.

어 말했다.

'問曰'에서 '曰'은 '질문의 내용을 말했다'는 뜻이다. 그 내용은 위 예문에 이어 나오는 게송이다. 따라서 이 '曰'은 물음의 내용을 이 끄는 구실을 하므로 실제로는 '게송으로써 물어 (게송을) 말했다'라 는 의미다. 이 '問曰'을 "게송으로써 물었는데, (그 게송은) ~이다" 로 번역해도 딱히 틀렸다고 말할 수는 없으나, 무엇보다도 주어가 행위나 동작의 주체이므로 '~이다'보다는 '~하다'라는 형태의 구 문으로 보는 것이 타당하다.

또 다른 구문이 있는데, 그것은 '~은/는 어떠하다'라는 형태의 구문이다. 이는 주어의 성질이나 상태를 표현하는 구문이므로 술 어 자리에 형용사가 놓인다.

1-9 目淨脩廣如靑蓮(『維摩詰所說經』「佛國品」)
눈은 맑고 길고 넓어서 푸른 연꽃과 같고

주어는 '目'이고, 나머지는 '淨(맑다), 脩(길다), 廣(넓다)'과 '如靑蓮 (푸른 연꽃과 같다)' 등의 형용사 및 형용사구가 이어진 술어다.

불교한문에서 또 주의를 기울여서 살펴야 하는 것이 '수식관계' 다. 본디 수식은 흔한 형태이지만, 불교한문에서는 독특한 수식관 계가 자주 눈에 띈다. '諸惡'(모든 악)이나 '諸善'(모든 선)처럼 단순한 수식관계도 있지만, 1-2에서 본 '菩薩無住相布施福德'처럼 복잡 한 수식 관계도 적지 않다. '菩薩'은 '無住相布施福德'을 수식하고,

'無住相布施福德' 안에서는 '無住相布施'가 '福德'을, 다시 더 들어가면 '無住相'은 '布施'를 수식한다. 이처럼 겹겹이 수식하는 형태의 구절을 불교경전이나 논서들에서 자주 볼 수 있다.

1-10 世尊視八十萬億那由他諸菩薩摩訶薩(『妙法蓮華經』「勸持品」)
세존께서 팔십만억 나유타의 모든 보살마하살을 보시고

'那由他'는 인도에서 수를 나타내는 단위로, '萬, 億' 따위와 같다. '八十萬億'은 '那由他'를 수식하고, '八十萬億那由他'는 '諸菩薩摩訶薩'을 다시 수식한다. '諸菩薩摩訶薩'은 '諸'가 '菩薩摩訶薩'을 수식하는 형태다.

1-11 失於如來無量知見.(『妙法蓮華經』「譬喩品」)
여래의 한량없는 지견을 잃었다.

'如來'는 '無量知見'을 수식하며, '無量'은 '知見'을 수식한다. '知見' 또한 '知'가 '見'을 수식하는 형태이나, 불교에서는 '지혜로써 보는 견해'라는 뜻을 갖는 하나의 어휘로 자리를 잡았으므로 더 이상 수식의 형태로 보지 않아도 된다. '知見'처럼 수식관계로 시작되었다가 하나의 어휘가 된 예는 매우 많은데, 산스크리트 'anuttarā-samyak-saṃbodhi'(흔히 '阿耨多羅三藐三菩提'로 음역한다)를 뜻으로 풀이한 '無上等正覺'이 대표적인 예다. 굳이 풀면, '無上'과

'等'이 나란히 '正覺'을 수식하는 형태다.

주술 관계와 수식 관계만큼 중요한 것으로 '병렬 관계'가 있다. 대등한 글자나 어휘가 나란히 이어지는 것인데, 접속사를 끼고 있는 경우도 있다.

> 1-12 如來所得法, 此法無實無虛.(『金剛經』)
> 여래께서 얻은 법, 이 법은 알참도 없고 헛됨도 없다.
>
> 1-13 若菩薩心不住法而行布施(『金剛經』)
> 만약 보살이 그 마음을 법에 머물지 않으면서 보시를 한다면

위 첫째 예문에서는 '無實'과 '無虛'가 접속사 없이 나열되어 있고, 둘째 예문에서는 '而'가 '心不住法'과 '行布施'가 병렬 관계에 있음을 나타내고 있다. 이처럼 병렬 관계를 나타내는 접속사로는 '與, 以, 亦' 따위가 쓰인다.

> 1-14 諸惡莫作, 諸善奉行.(『法句經』)
> 어떠한 악도 짓지 말고, 온갖 선을 받들어 행하라.

이 문장은 "莫作諸惡, 奉行諸善"으로 표현해도 된다. 주어가 생략되고 목적어인 '諸惡'과 '諸善'이 동사 앞에 놓이면서 도치가 된 것이다. 이런 도치는 한문에서 주어가 생략되는 일이 흔하기 때문이기도 하고, 강조나 대조의 필요성 때문이기도 하다. 이렇게 주어

자리에 목적어가 놓이는 경우를 불교한문에서는 특히 많이 볼 수 있다.

　1-15　如是一切功德皆悉具足.(『維摩詰所說經』「佛國品」)

　　　　이와 같은 모든 공덕을 모두 다 구족하였다.

　1-16　衆生有疑皆使斷, 廣大信解悉令發(『華嚴經』「如來現相品」)

　　　　중생이 가진 의혹을 모두 끊게 하시고, 광대한 믿음과
　　　　이해를 다 내게 하시며

　위 첫째 예문에서 '具足'의 목적어는 '如是一切功德'인데, 목적어가 주어 자리에 놓여 있다. 둘째 예문에서 앞 구절에 나오는 '使'의 대상은 '衆生'이며 '斷'의 목적어는 '衆生有疑'다. 주어와 목적어에서 '衆生'이 겹치지만, 실제로는 주어가 생략된 문장으로 보는 것이 타당하다. '發'의 목적어인 '廣大信解'가 주어 자리에 놓여서 강조되고 있는 뒤의 문장을 보더라도 그 점은 분명하다.

　이렇게 주어가 생략되고 그 자리에 목적어가 놓이는 경우가 불교한문에서는 허다하다는 사실을 잘 인지해야 한다. 워낙 심오하면서도 다의적인 뜻을 담고 있는 불교한문이므로 문법적으로 맞지 않은 해석을 하더라도 그럴 듯하게 여겨지는 경우가 적지 않다. 실제로 문맥이 매끄럽지 않거나 의미가 분명하게 드러나지 않는 번역 문장들이나 경전의 화자가 말하고자 한 뜻과 사뭇 거리가 있는 해석들을 따져보면, 대부분 문법을 간과한 채 번역하거나 해석했기 때문임을 알 수 있다.

제2장 명사

이미 말했듯이 한자에도 품사는 있다. '天, 人, 山' 따위는 명사고, '高, 靑, 大' 따위는 형용사다. '知, 流, 行' 따위는 동사다. 불교가 들어오고 불교경전의 한역이 이루어지면서 새로 나타난 어휘들이 적지 않은데, 그런 어휘들에도 품사는 있다. 불교한문에서 쓰이는 독특한 어휘들을 몇 가지 들면 다음과 같다. 眷屬, 相好, 布施, 方便, 世界, 功德, 因緣, 果報, 無量, 淸淨, 未曾有, 希有 등등. 이 자체로도 품사를 짐작할 수 있으나, 중요한 것은 실제 쓰임이다. 문장 안에서 형용사나 동사가 명사로 쓰이거나 명사가 동사로 쓰이는 일들이 흔하기 때문이다. 여기서는 먼저 명사를 중심으로 살펴보겠다.

(1) 동사가 명사로 쓰인 경우

본디 동사임에도 명사로 쓰이는 글자들이 적지 않다. '더하다, 보태다'는 뜻의 '益'과 '가르치다'는 뜻의 '敎'는 본디 동사인데, 아래 예문에서는 명사로 쓰였다.

2-1 其見聞者無不蒙益.(『維摩詰所說經』「佛國品」)

　　보고 들은 자라면 이익을 입지 않음이 없었다.

2-2 於是寶積及五百長者子, 受敎而聽.(『維摩詰所說經』「佛國品」)

　　이에 보적 및 5백 장자의 아들들이 가르침을 받아 들었다.

　'益'은 '보탬, 이익'으로, '敎'는 '가르침'으로 명사화되어 각각 앞에 나오는 '蒙'(입다)과 '受'(받다)의 목적어 구실을 하고 있다.

2-3 如飢之得食, 如渴之得飮(『妙法蓮華經』「御製大乘妙法蓮華經序」)

　　마치 주린 자가 먹을 것을 얻고 목마른 자가 마실 것을 얻듯이

　'飢'(주리다)와 '渴'(목이 마르다), '食'(먹다)과 '飮'(마시다)은 본래 동사인데, 여기서는 명사로 쓰여 각각 '주린 자, 목마른 자, 먹을 것, 마실 것'으로 번역되었다. 일반적으로 널리 쓰이는 한자뿐만 아니라 불경을 한역하는 과정에서 만들어진 동사 어휘들도 이렇게 쓰인다.

2-4 如是滅度無量無數無邊衆生, 實無衆生得滅度者.(『金剛經』)

　　이와 같이 헤아릴 수 없고 셀 수 없으며 가없는 중생을 멸도한다 해도 실은 중생 가운데 멸도를 얻은 자 하나

도 없다.

'滅度'는 '번뇌를 완전히 소멸시키다'는 뜻의 동사다. 위 예문에서 앞의 '滅度'는 본래대로 동사로 쓰였으나 뒤의 '得滅度'에서는 명사로 쓰여 동사인 '得'(얻다)의 목적어 구실을 하고 있다.

(2) 형용사가 명사로 쓰인 경우

형용사가 명사로 쓰이는 경우도 많다. 먼저 아래 예문을 보자.

2-5 又見離欲, 常處空閑, 深修禪定, 得五神通(『妙法蓮華經』「序品」)
    또 (보살이) 욕심을 떠나 늘 고요한 곳에 머물며 선정을 깊이 닦아 오신통을 얻는 것을 보며

형용사 '空'(쓸쓸하다, 고요하다)과 '閑'(일없다, 하잔하다)이 결합된 '空閑' 또한 형용사인데, 여기서는 '고요한 곳'을 뜻하는 명사로 쓰였다. '空閑'의 경우처럼 본래 형용사였던 글자들이 모여서 새롭게 형성된 어휘가 불교한문에는 매우 많은데, '清淨, 廣大, 快適' 따위가 대표적이다. 또는 본래 형용사가 아니었던 글자들이 모여서 형용사처럼 쓰이는 경우도 있는데, '希有'가 그러하다. '希有'는 부사 '希'가 동사 '有'를 수식하는 형태다. 이런 형용사들도 명사로 쓰이

는 일이 많다.

2-6 　諸佛世尊, 欲令眾生開佛知見, 使得淸淨故, 出現於世
(『妙法蓮華經』「方便品」)

모든 부처님 세존께서는 중생으로 하여금 부처의 지견
을 열어서 청정을 얻게 하려고 세상에 나오셨으며

2-7 　不謂於今忽然得聞希有之法. 深自慶幸獲大善利.(『妙法蓮
華經』「信解品」)

지금 문득 희유한 법을 들을 줄은 생각하지도 못했습니
다. 아주 좋은 이익을 얻은 것에 깊이 기뻐하옵니다.

2-6의 '淸淨'은 '맑고 깨끗하다'는 뜻으로 허물이나 번뇌의 더
러움에서 벗어난 깨끗한 상태를 이르는 형용사인데, 명사로 쓰여
'得'의 목적어 구실을 하고 있다. 2-7의 '希有'는 '매우 드물다'는
뜻으로, 불교경전에서는 찬탄의 의미로 많이 쓰인다. 『금강경』에서
'希有世尊'(희유하신 세존이시여)이나 '希有功德'(희유한 공덕)으로 표
현하듯이. 본래 형용사였으므로 뒤에 오는 명사를 수식할 때는 그
대로 쓰면 되지만, 위에서처럼 명사로 쓰여서 다른 명사를 수식할
때는 '之'가 더해진다.[5] 아래 2-8에서도 그 점을 확인할 수 있다.
또 '大善利'도 본래는 '크게 좋으며 이롭다'는 뜻의 형용사구인데,
명사로 쓰여 '獲'의 목적어가 되었다.

---

5) '之'가 어떻게 명사화에 쓰이는지는 아래 (5) '명사화'에서 다루었다.

2-8 佛以一音演說法, 或有恐畏或歡喜, 或生厭離或斷疑(『維
摩詰所說經』「佛國品」)
부처님께서는 한결같은 소리로 법을 설하시지만, 어떤
이는 두려움을 갖고 어떤 이는 기쁨을 느끼며, 어떤 이
는 이 세상이 싫어 떠날 마음을 내고 어떤 이는 의혹을
끊으니

'恐畏'는 '두려워하다'는 뜻의 동사인데, '有' 뒤에서 명사로 쓰였
다. '歡喜'는 '즐겁고 기쁘다'는 뜻의 형용사인데, '有' 뒤에서 역시
명사로 쓰였다. 여기서 '歡喜'는 앞에 '有'가 생략된 것이다.

(3) 명사가 부사로 쓰인 경우

명사나 명사구가 동사 앞에 놓여 동사를 수식하는 부사로 쓰이
는 경우가 있다.

2-9 如來能種種分別, 巧說諸法, 言辭柔軟, 悅可衆心.(『妙法
蓮華經』「方便品」)
여래는 갖가지로 분별하여 온갖 법을 교묘하게 설하나
니, 그 말씨 부드러워 뭇 사람의 마음을 기쁘게 할 수
있느니라.

'種種'은 본래 '여러 가지, 가지가지'를 뜻하는 명사인데, 위에서는 동사 '分別'을 수식하는 부사로 쓰였다. 또 '巧'는 '공교한, 정교한, 교묘한' 따위를 뜻하는 형용사인데, 역시 부사로 쓰였다. 덧붙이자면, '種種'이 아래와 같이 형용사로 쓰이는 경우도 많다.

2-10 復見諸菩薩摩訶薩種種因緣種種信解種種相貌行菩薩道.(『妙法蓮華經』「序品」)
다시 모든 보살마하살이 갖가지 인연, 갖가지 신해, 갖가지 모습으로 보살도를 행하는 것을 볼 수 있다.

'種種'이 부사로 쓰였는지 형용사로 쓰였는지는 무엇을 수식하느냐로 알 수 있다. 동사를 수식하면 부사로 쓰인 것이고, 명사를 수식하면 형용사로 쓰인 것이다. 위 예문에서는 '種種'이 이어 나오는 '因緣, 信解, 相貌' 등 명사를 수식하므로 형용사로 쓰였음을 알 수 있다. 그런데 여기서 또 한 가지 흥미로운 것은 이들 '種種因緣, 種種信解, 種種相貌' 따위가 '형용사+명사' 형태의 명사구임에도 부사로 쓰여 '行'을 수식하고 있다는 점이다.

2-11 吾從成佛已來, 種種因緣, 種種譬喩, 廣演言教, 無數方便, 引導衆生, 令離諸著.(『妙法蓮華經』「方便品」)
나는 성불한 이래로 갖가지 인연과 갖가지 비유로써 가르침을 널리 펴며 셀 수 없이 많은 방편으로 중생을 인도하여 온갖 집착에서 떠나게 했다.

2-12 我見善知識, 功德莊嚴心, 盡未來刹劫, 勤修所行道(『華
　　　嚴經』「入法界品」)

　　　나는 선지식을 뵙고 공덕으로 마음을 장엄하고 미래의
　　　겁이 다하도록 행해야 할 도를 부지런히 닦아서

　　2-11의 '種種因緣, 種種譬喩'도 명사구로서 부사로 쓰였고,
'無數方便'도 마찬가지다. 2-12에서는 명사인 '功德'이 부사로 쓰
여 동사로 쓰인 '莊嚴'을 수식하고 있다. 이렇게 명사 또는 명사구
가 부사로 쓰일 때, 아래에서 볼 수 있는 것처럼 개사 '以'(~으로,
~에 의해)가 붙어서 그 역할을 더 분명하게 하는 경우도 많다.

2-13 又以種種方便, 說微妙法, 能令衆生, 發歡喜心.(『妙法蓮
　　　華經』「如來壽量品」)

　　　또 갖가지 방편으로써 미묘한 법을 설하여 중생으로
　　　하여금 환희심을 일으키도록 하였다.

(4) 명사구

① 명사의 병렬

명사를 나란히 놓는 것만으로도 병렬 관계는 분명해진다.

2-14 地大水大火大風大, 於此四大, 何大之病?(『維摩詰所說
經』「文殊師利問疾品」)

흙과 물과 불과 바람, 이 네 원소 가운데 어느 것에 걸
린 병입니까?

'地大'를 비롯한 네 가지를 사대(四大)라 하는데, 불교에서 만물
을 구성하는 네 가지 요소를 가리킨다. 만물에 널리 퍼져 있으므로
'大'를 붙인 것이다. 이 네 가지를 병렬한 것만으로도 명사구가 이
루어진 셈이다.

2-15 爾時, 四部衆比丘比丘尼優婆塞優婆夷, 天龍夜叉乾闥
婆阿修羅迦樓羅緊那羅摩睺羅伽等大衆, 見舍利弗於佛
前受阿耨多羅三藐三菩提記(『妙法蓮華經』「譬喩品」)

그때 사부대중인 비구·비구니·우바새·우바이와 천·
용·야차·건달바·아수라·가루라·긴나라·마후라가
등 대중은 사리불이 부처님 앞에서 아뇩다라삼먁삼보
리의 수기를 받는 것을 보고

'四部衆'은 '四部大衆'이라고도 하는데, 출가자인 비구와 비구
니, 재가자인 우바새와 우바이를 가리킨다. 따라서 '四部衆'은 이
어 나오는 '比丘比丘尼優婆塞優婆夷'를 가리키는 말로 동격이므
로 그 둘은 병렬 관계에 있지 않다. 병렬 관계에 있는 것은 '比丘'
에서 '摩睺羅伽'까지다. 또 병렬된 어휘들 끝에 덧붙어 있는 '大衆'

은 앞서 나열된 모든 것을 하나로 아우르는 어휘다.

명사 사이의 병렬 관계는 연사 '與'로 표시되기도 한다.[6]

2-16 願以此功德, 普及於一切, 我等與衆生, 皆共成佛
道.(『妙法蓮華經』「化城喩品」)

부디 이 공덕이 모든 이들에게 두루 미쳐서 우리와 중
생 모두 함께 불도를 이루기를 바랍니다.

명사의 병렬에서 '與'보다 더 많이 쓰이는 것으로 연사 '及'이
있으며, '幷'도 아울러 쓰인다. '與'가 '함께하다'는 뜻의 동사로
자주 쓰이기 때문이라 생각된다. '及' 또한 '미치다'는 동사로 쓰
이지만, '到, 至' 따위 대체할 수 있는 글자가 있어서 더 자주 쓰
이는 듯하다.

2-17 汝與衆魔及諸塵勞等無有異(『維摩詰所說經』「弟子品」)

너와 뭇 마구니[7] 및 모든 번뇌는 같아서 다름이 없으
니

---

6) 연사는 접속사를 이르는데, 9장에서 다루었다.
7) '마구니'가 표준어는 아니지만 불가에서는 널리 쓰일 뿐만 아니라 한자어 '마
군(魔軍)'보다 훨씬 본래 뜻에 가깝게 느껴지므로 이 책에서도 그대로 쓴다.
널리 알려져 있다시피 '마구니'나 '마군'은 '마(魔)'의 번역어인데, '마'는 산스
크리트 '마라māra'를 소리대로 표기한 '마라(魔羅)'의 줄임말이다. 그 의미는
단순하지 않은데, 대체로 불도 수행이나 갖가지 좋은 일을 방해하거나 수행
자를 유혹하고 심지어 목숨을 빼앗기까지 하는 것을 이른다. 구체적인 모습
을 가진 존재는 아니다.

2-18 諸波羅蜜及諸地, 廣大難思悉圓滿(『華嚴經』「世主妙嚴品」)

모든 바라밀과 모든 지위는 광대하여 생각하기도 어려
우나 모두 원만하게 갖추어

2-19 其年衰邁, 財富無量, 多有田宅及諸僮僕.(『妙法蓮華經』
「譬喩品」)

그의 나이 이미 늙었으나 재산이 한량없어서 밭과 집
및 여러 하인들이 많았다.

2-20 時大威光王子, 與其父母, 幷諸眷屬, 及無量百千億那
由他衆生, 前後圍遶(『華嚴經』「毘盧遮那品」)

그때 대위광왕자는 그 부모와 모든 권속 및 한량없는
백천 억 나유타의 중생들에게 앞뒤로 둘러싸여서

2-20에서 '與'는 병렬 관계를 나타내는 글자로 쓰인 게 아님에
주의해야 한다. '其父母~衆生'이 '한 무리가 되어 있음'을 의미하
며, 문법적으로는 '피동'의 기능을 한다고 볼 수 있다. 실제로 '與'
는 피동의 기능을 하는 '爲'와 통용된다.

② 명사의 종속

명사 사이에 '之'가 쓰여 종속 관계를 나타내는 경우가 있다.

2-21 佛之威神, 令諸寶蓋, 合成一蓋(『維摩詰所說經』「佛國品」)
부처님의 위신력은 그 모든 보배로운 일산들을 합쳐

하나의 일산이 되게 하셨고

2-22　諸菩薩淨土之行(『維摩詰所說經』「佛國品」)
　　　여러 보살이 정토로 가기 위한 수행

'佛之威神'에서 볼 수 있듯이 '之' 앞의 글자는 수식어에 해당하고, 그 뒤의 글자가 중심어가 된다. 이는 아마도 '之'에 본래 '~의'라는 소유 또는 소재의 의미가 있었기 때문에 이렇게 활용되는 것으로 볼 수 있다. 2-22의 '之' 또한 마찬가지다. 그런데 2-22를 가만히 들여다보면, '諸菩薩'과 '淨土之行'도 종속 관계로 볼 수 있음을 알 수 있다. 둘 사이에 마치 '之'가 생략된 것처럼 말이다. 그렇게 보아도 무리는 없으며, '淨土之行'에서 '之'가 쓰이기 때문에 거듭 쓸 수 없어 생략된 것으로 보인다. 이처럼 '之'는 생략이 가능하다.

2-23　發阿耨多羅三藐三菩提心(『金剛經』)
　　　아뇩다라삼먁삼보리의 마음을 낸다면

흔히 '菩提心'은 하나의 명사로 간주되는데, '菩提之心'에서 '之'가 생략된 형태로 볼 수 있다.

2-24　云何降伏其心?(『金剛經』)
　　　어떻게 그 마음을 굴복시켜야 합니까?

'其心'에서 '其'는 '명사+之'를 대신해서 쓰인 것으로 볼 수 있다. 『금강경』 본문을 보면 '其'가 앞서 나오는 '善男子善女人'을 가리키는 것임을 알 수 있는데, 이로써 '其心'은 '善男子善女人之心'이며 불끈 일어나는 욕망이나 타오르는 탐욕을 표현한 것임을 알 수 있다.

'之' 앞에 형용사나 형용사구, 동사구 따위가 놓여 '之' 뒤의 명사를 수식하는 경우도 많다.

2-25 欲令衆生, 咸得聞知一切世間難信之法(『妙法蓮華經』「序品」)

중생들로 하여금 모두 온 세간 (사람들이) 믿기 어려워하는 법을 들어 알게 하심이니

2-26 第一希有之法(『金剛經』)

가장 희유한(드물게 있는) 법

2-27 當來之世(『金剛經』)

앞으로 오는(올) 세상

2-28 速朽之法, 不可信也.(『維摩詰所說經』「方便品」)

빨리 썩어가는 법이어서 믿을 수가 없습니다.

2-29 我是如來最小之弟.(『楞嚴經』 권1)

나는 여래의 가장 어린 동생입니다.

불교한문에서는 '希有世尊, 希有功德, 希有心' 따위 표현이 많이 나오는데, 이처럼 '希有'는 매우 자주 쓰인다. 이 '希有'를 우리

말로 '희유하다, 매우 드물다'로 흔히 번역하므로 마치 형용사처럼 이해하고 있는데, 본래는 '부사+동사'의 형태로 동사구이며 '드물게 있다'는 뜻이다. 2-26에서 그 점을 확인할 수 있다. '希有'가 애초부터 형용사였다면, '之'를 구태여 쓸 필요가 없었다. 동사구로서 '法'을 수식하기 때문에 '之'를 쓴 것이다. 그렇다면, '希有世尊, 希有功德, 希有心' 따위의 표현은 어떻게 볼 것인가? 앞서 말했듯이 '之'는 생략되기도 하므로 역시 '之'가 생략된 형태로 봄이 타당하다. 즉 본래는 '希有之世尊, 希有之功德, 希有之心' 따위로 표현된 것이었다고 할 수 있다.

(5) 명사화

① 표지 없는 명사화

명사가 술어인 문장에서 동사구가 술어 자리에 놓이게 되면 명사로 구실하게 된다.

2-30　所以者何？ 如來智慧, 難信難解.(『妙法蓮華經』「化城喩品」)

　　그 까닭이 무엇이겠느냐? 여래의 지혜는 믿기 어렵고 이해하기 어려운 것(이기 때문)이다.

'難信'과 '難解'는 목적어를 동반한 동사구로서 병렬 관계에 있으며, 동사구로만 본다면 "믿기 어렵고 이해하기 어렵다"라고 해석해야 마땅하다. 그러나 이는 문법적으로나 문맥상으로나 통하지 않는 해석이다. 먼저 앞에 "所以者何?"가 제시되었다. 그렇다면 이에 대한 대답이 나와야 마땅하다. 그런데 "여래의 지혜는 믿기 어렵고 이해하기 어렵다"라고 번역해버리면, '如來智慧'는 주어가 아닌 목적어로서 문장 앞에 놓인 것이 되어 문법적으로 맞지 않다. 게다가 그렇게 해석하면 여래의 지혜를 그저 터무니없는 것으로 즉 부정적인 것으로 간주하는 것이 되므로 의미상으로도 적절하지 않다. 따라서 문법적으로나 문맥상으로나 '難信'과 '難解'는 주어인 '如來智慧'의 술어로 보아야 하며, '믿기를 어렵게 하는 것이다, 또는 믿기 어려운 것이다'와 '이해하기를 어렵게 하는 것이다, 이해하기 어려운 것이다'라는 뜻으로 해석해야 알맞다. 이것이 그 둘을 '명사화'된 동사구로 보는 이유다.

2-31 無明至老死, 皆從生緣有.(『妙法蓮華經』「化城喩品」)
　　　무명에서 늙어 죽음까지는 모두 온갖 인연을 좇아 있는 것이다.

　위 예문에서 '無明至老死'는 무명(無明)에서 시작되어 행(行), 식(識) 따위를 거쳐 생(生), 노사(老死)로 이어지는 십이연기(十二緣起)를 가리키는데, 문장의 주어로 제시되어 있다. 이 주어는 행위나 동작의 주체가 될 수 없으므로 이어지는 술어 '皆從生緣有'는 동사

구가 아닌 명사구로 간주되어 해석된다. 생연(生緣)은 '사물이 생겨
나게 하는 여러 원인이나 인연'을 뜻하는 명사다.

2-32 是身如聚沫不可撮摩, 是身如泡不得久立, 是身如炎從
渴愛生, 是身如芭蕉中無有堅, 是身如幻從顛倒起(『維
摩詰所說經』「方便品」)
이 몸은 물방울과 같이 잡거나 만질 수 없고, 이 몸은
거품과 같이 오래 있을 수 없고, 이 몸은 불꽃과 같이
갈애에서 생겨나고, 이 몸은 파초와 같이 속에 단단
함이 없고, 이 몸은 허깨비와 같이 전도망상에서 일
어나고

위 문장에서 주어는 '是身'이고, '如聚沫, 如泡' 따위 '如'(~와 같
은, ~와 같이)가 이끄는 구절들이 명사구로 된 술어들이다. 비록 위
에서는 동사구처럼 번역하고 있지만, 문법적으로는 명사구임이 분
명하다. 따라서 문법대로라면 "이 몸은 물방울과 같은 것이어서
…, 이 몸은 거품과 같은 것이어서 …" 따위로 번역되어야 마땅하
지만,[8] 문장을 매끄럽게 하기 위해서 '~ 같이' 따위로 표현했다.
'如'가 이끄는 구절 뒤에 오는 '不可撮摩, 不得久立' 따위는 보완

---

8) 문법대로 해석하면, "이 몸은 물방울과 같은 것이어서 잡거나 만질 수 없고,
이 몸은 거품과 같은 것이어서 오래 있을 수 없고, 이 몸은 불꽃과 같은 것이
어서 갈애에서 생겨나고, 이 몸은 파초와 같은 것이어서 속에 단단함이 없고,
이 몸은 허깨비와 같은 것이어서 전도망상에서 일어나고"가 된다.

해서 설명을 해 주는 보어다.

　만약 불교한문이 종종 기존 문법을 따르지 않는다는 점을 감안
한다면, '如聚沫'처럼 '如'가 이끄는 구절들이 도치되어서 동사 앞
에 나온 것으로 해석할 수도 있다. 그럴 경우에는 '不可撮摩, 不得
久立' 따위가 명사화된 동사구로서 술어 역할을 하는 것으로, '如'
가 이끄는 구절들은 보어 역할을 하는 것으로 볼 수 있어서 "이 몸
은 물방울과 같아서 잡거나 만질 수 없는 것이고, 이 몸은 거품과
같아서 오래 있을 수 없는 것이고 …" 따위로 번역할 수 있다.

　② '之'와 '之所'

　앞서 '之'가 명사의 종속 관계를 표시한다는 데 대해 살폈다. 그
밖에도 '之'는 주어와 술어(또는 동사) 사이에 놓여서 독립된 문장을
하나의 명사구로 바꾸기도 한다. 먼저 아래 예문을 보자.

　2-33　阿難, 汝性沈淪, 不悟汝之見聞覺知本如來藏.(『楞嚴經』
　　　　권3)
　　　　아난아, 너는 너의 성품이 미혹에 빠져 네가 보고 듣
　　　　고 느끼고 아는 것이 본래 여래장임을 깨닫지 못하고
　　　　있다.

　'汝之見聞覺知本如來藏'은 '不悟'의 목적절이면서 그 자체로
'주어+술어' 구조로 이루어진 온전한 문장이다. 이 안긴문장의 주

어는 '汝之見聞覺知'인데, 본래 '汝見聞覺知'(너는 보고 듣고 느끼고 안다)라는 문장이 '之'로 말미암아 명사화된 것이다. 명사화되었다는 것은 더 큰 문장의 한 성분이 되었음을 의미하기 때문에 '之'를 생략하면 어색해진다.

그런데 불교한문에서는 '之'가 단독으로 주어와 동사 사이에 놓여서 명사화하는 경우는 드물고, 오히려 '之所'가 더 널리 쓰인다. 다만, 아래 예문에서 볼 수 있듯이 문장의 주어로 쓰이기보다 주로 목적어로 쓰이고 있다.

2-34   如來觀知一切諸法之所歸趣(『妙法蓮華經』「藥草喩品」)
       여래께서는 일체의 모든 법이 돌아가는 곳을 관하여
       알며
2-35   四天王忉利諸天, 不覺不知己之所入.(『維摩詰所說經』
       「不思議品」)
       사천왕과 도리천은 자신이 어디에 들어갔는지를 깨닫
       지도 알지도 못합니다.

'一切諸法之所歸趣'는 '一切諸法歸趣'(일체의 모든 법이 돌아간다)가 '之所'로 말미암아 명사화된 것이며, '己之所入'은 '己入'(자신이 들어갔다)이 마찬가지로 명사화된 것이다. 둘 다 명사화되어서 목적어로 쓰였다.

'명사+之'를 대체하는 글자로 '其'가 있는데, 불교한문에서는 '所'와 결합한 '其所'가 곧잘 쓰인다. '其所'는 문장에서 주어와 목

적어로 다 쓰이며, 이때 '其'는 대체로 인칭 대명사 구실도 아울러
한다.

> 2-36 其所講說乃如雷震(『維摩詰所說經』「佛國品」)
> 그 강설하신 바는 곧 천둥이 울리고 벼락이 치는 것과
> 같아서
> 2-37 其所說法, 皆悉到於一切智地.(『妙法蓮華經』「藥草喩品」)
> 그 설하신 법은 모두 일체지의 경지에 이르렀느니라.
> 2-38 城中一最下乞人, 見是神力聞其所說(『維摩詰所說經』「菩
> 薩品」)
> 성 안에서 가장 비천한 거지도 이 신령한 힘을 보고 그
> 가 설한 바를 듣고
> 2-39 一時惶悚失其所守.(『楞嚴經』권2)
> 한동안 어리둥절해하며 자기가 간직하고 있던 것을 잃
> 은 듯했다.

위 셋째 예문에서 '見是神力'과 '聞其所說'은 각각 '동사+목적
어' 형태의 구문으로 병렬 관계에 있다. 더구나 똑같이 대명사 '是'
와 '其'가 쓰였으므로 그 함의도 똑같을 것으로 여겨질 수 있다. 그
러나 '是神力'과 '其所說'은 사뭇 다르다. '是'는 '神力'을 수식할 뿐
이지만, '其'는 '說'의 주체임을 의미하기 때문이다.

③ '所'와 '所以'

'所'는 '佛所'(부처님 계신 곳), '到其所'(그곳에 이르다) 따위에서 볼 수 있듯이 '장소'를 뜻하는 글자다. 그런데 '所說'(설한 것), '所敎'(가르친 바)와 같이 동사 앞에 놓이면 그 동사를 명사화시킨다. 앞서 불교한문에서는 명사화하는 데에 '之'보다는 '之所'가 훨씬 널리 쓰인다고 말했는데, 그것은 '所' 또한 명사화하는 데 쓰이기 때문이다.

2-40   如汝所說, 眞所愛樂因于心目 (『楞嚴經』 권1)
　　　　네가 말한 바대로 참으로 사랑하고 좋아하는 것이 마
　　　　음과 눈에서 말미암는다면
2-41   菩薩於法應無所住, 行於布施 (『金剛經』)
　　　　보살은 법에 머무는 일 없이 보시를 해야 하느니

'所愛樂'(사랑하고 좋아하는 것)은 '因'(말미암다)을 술어로 하는 주어가 되어 있고, '所住'(머무는 바 또는 머무는 일)는 '無'(없다)의 목적어가 되어 있다. '汝所說'(네가 말한 바)은 좀 달라서 '所'가 명사화하는 '之'처럼 쓰였다. 실제로 '汝所說'은 '汝之說'로 바꾸어도 아무런 문제가 없다. 그러나 '所愛樂'과 '所住'에서는 '所'를 '之'로 바꿀 수 없다.

2-42   解脫者無所言說. 故吾於是不知所云. (『維摩詰所說經』 「觀

衆生品」)

해탈은 말로 표현할 길이 없습니다. 그러므로 나는 이에 대해 무얼 말해야 할 지 모릅니다.

'所言說'과 '所云'은 각각 '無'와 '知'의 목적어로 쓰였다. 여기서 '言說'은 '말하다 또는 설명하다'는 뜻으로 동사. '所'로 말미암아 명사화된 것이다. 만약 '無言說'이나 '有言說'로 표현되었다면, '言說'은 '無'나 '有'의 목적어로 쓰인 명사가 된다.

2-43 善知識者, 是大因緣, 所謂化導令得見佛, 發阿耨多羅三藐三菩提心.(『妙法蓮華經』「妙莊嚴王本事品」)

선지식은 큰 인연이니, 이른바 교화로써 이끌어 부처님을 뵙고 아뇩다라삼먁삼보리심을 일으키게 하는 것이다.

2-44 如是世界十二類生, 不能自全依四食住, 所謂段食觸食思食識食.(『楞嚴經』 권8)

이와 같은 세계의 열두 부류 중생은 스스로 온전하게 살지 못하고 네 가지 식사 방식에 의지하니, 이른바 (네 가지 식사는) 음식을 씹어 먹는 것, 음식에 접촉해서 먹는 것, 생각으로 먹는 것, 의식으로 먹는 것이다.

'所謂' 또한 동사 '謂'가 붙어서 명사화한 것이다. 그런데 불교경전에서는 매우 특이하게 쓰인다. 위의 예문에서 볼 수 있듯이 앞서 언급된 중요한 사항에 대해 자세하게 설명하거나 구체적인 것들을 나열해서 보여주는 데 많이 쓰인다. 2-43에서는 '大因緣'이 무엇인지 자세하게 풀이하는 내용을 서술하고 있고, 2-44에서는 '四食'의 구체적인 내용을 열거하고 있다. 대체로 명사구를 열거하는 경우가 많다. 이렇게 '所謂'로 시작되는 문장은 '이른바 ～이다, 앞서 이른 것은 ～이다'라고 해석된다. 따라서 '所謂'는 문법적으로는 주어 구실을 하므로, '所謂' 뒤에 이어지는 구절은 자연스럽게 술어 구실을 하는 명사구가 된다.

'所謂'와 달리 '所'에 개사 '以'가 붙은 '所以'도 있다. '所以'는 한 단어처럼 쓰이며, 동사 앞에 붙어서 까닭, 이유, 방법 따위를 뜻한다. 이는 '以'가 판단의 근거를 나타내는 데 쓰이기 때문이다.[9]

2-45 如來所以出, 爲說佛慧故(『妙法蓮華經』「方便品」)
   여래께서 나오신 까닭은 부처님의 지혜를 설하기 위함
   이니

그러나 불교경전에서 '所以'가 위의 예문처럼 쓰이는 경우는 의외로 드물다. 가장 널리 쓰이는 것은 여러 경전에서 보이는 아래의 표현이다.

2-46 所以者何?

─────────────
9) '以'의 다양한 쓰임에 대해서는 8장 (2)에서 다루었다.

그 까닭이 무엇이냐?

위 예문은 불교경전에서 관용적으로 쓰이는 표현이다. 동사가 뒤따르지 않고 그저 '者'가 덧붙었을 뿐인데, 명사처럼 쓰였다. 이는 '所以' 자체의 의미가 명확한 데다 '者' 또한 명사화하는 글자이기 때문이다. '者'에 대해서는 아래에서 다룬다.

④ 者

'者'는 동사나 형용사에 붙어서 명사화하는 구실을 한다. '往者'(지나간 일), '行者'(수행하는 것) 따위가 그것이다. 불교경전에서 명사화하는 방식을 보면 다음과 같다.

2-47 實無衆生得滅度者.(『金剛經』)
      참으로 중생이 멸도를 얻은 일은 없었다.

2-48 汝等比丘, 知我說法如筏喩者, 法尙應捨, 何況非
      法!(『金剛經』)
      너희 비구는 내 설법이 뗏목의 비유와 같음을 알아서 법도 오히려 버려야 하는데, 하물며 법이 아닌 것임에랴!

'衆生得滅度者'는 '衆生得滅度'(중생이 멸도를 얻다)라는 완결된 문장에 '者'가 붙어서 명사화되어 '無'의 목적어로 기능하고 있다.

주의해서 보아야 할 것은 '知我說法如筏喩者'다. 이 구절을 "내 설법이 뗏목의 비유와 같음을 아는 자"라고 번역하는 경우가 있다. 이는 '者'가 '知我說法如筏喩'를 명사화한 것으로 본 셈이다. 그러나 실제로는 '我說法如筏喩'를 명사화하여 '知'의 목적어가 되게 했을 뿐이다. 또 하나는 '非法'이다. 문법적으로는 '非法'에 '者'가 붙어서 '非法者'가 되어야 하지만, 넉 자 구절에 맞추느라 '者'를 생략한 것으로 보인다. 따라서 문법적으로나 문맥상으로나 '非法者'로 보고 '법이 아닌 것'으로 해석함이 적절하다. 덧붙이자면, '法尚應捨, 何況非法'에서 '法'과 '非法'은 모두 동사 '捨'의 목적어다.

2-49 善知識者是我師傅.(『華嚴經』「入法界品」)
　　　　선지식은 나의 스승이다.

　여기서 '者'는 '善知識'을 명사화하기 위해 붙은 것이 아니다. '善知識' 자체가 이미 명사이기 때문이다. 굳이 덧붙인 것은 2-48의 '非法'에 '者'를 붙이지 않은 것과 같은 이유로 볼 수 있다. 즉, 넉 자 구절을 맞추기 위해서다. 그런데 굳이 '者'를 덧붙인 것은 이 글자가 본래 사람을 나타내는 데 쓰이기 때문이다.
　'者'는 사람을 가리키면서 동시에 명사화하기도 하는데, 불교경전에서는 그런 사례가 매우 풍부하다. 아래 예문들을 보라.

2-50 供給我者悉不唐捐.(『華嚴經』「入法界品」)
　　　　나에게 이바지하는 이는 모두 헛되지 않느니라.

2-51 鈍根小智人, 著相憍慢者, 不能信是法(『妙法蓮華經』「方便品」)

근기가 둔하고 지혜가 작은 사람과 상에 집착해 교만한 사람은 이 법을 믿지 못할 것이지만

2-52 於其中而通達者, 是爲入不二法門.(『維摩詰所說經』「入不二法門品」)

그 가운데서 환히 깨닫는 사람, 그 사람이 불이의 법문에 드는 사람이 됩니다.

위 둘째 예문을 보면, '鈍根小智人'과 '著相憍慢者'는 병렬의 관계에 있어 '人'과 '者'가 똑같이 사람을 나타내는 의미로 쓰였음을 알 수 있다. 다만, '人'은 '鈍根小智'의 수식을 받을 뿐인 데 비해서 '者'는 '著相憍慢'을 명사화하면서 사람임을 나타낸다는 점에서 차이가 있다.

또 셋째 예문에서 '入不二法門'은 '者'가 생략된 형태로 볼 수 있다. 경전 안에서 계속 되풀이되는 구절이고 또 바로 앞에 '者'가 쓰인 구절이 있기 때문에 생략했다고 볼 수 있다. 이렇게 '者'가 생략된 채 명사화하는 경우도 드물지 않다.

2-53 知身如幻無體相, 證明法性無礙者.(『華嚴經』「如來現相品」)

몸은 허깨비 같아 체상이 없는 것임을 아시고, 법의 성품은 아무 걸림이 없는 것임을 증명하시니라.

'法性無礙'는 '者'가 붙어 명사화되어 동사인 '證明'의 목적어 구실을 하고 있다. 이로써 보면, 앞 구절의 '身如幻無體相'도 동사 '知'의 목적어로 구실하는 명사구로서 '者'가 생략된 형태임을 알 수 있다. 따라서 이러한 '者'의 쓰임을 간과하고 "몸은 허깨비 같아 체상이 없음을 아시고, 법의 성품은 아무 걸림이 없음을 증명하시니라"라고 번역한다면, 얼핏 무리가 없어 보이나 실제로는 의미가 좀 모호해진다. '知'나 '證明'의 목적이 또렷하게 드러나지 않기 때문이다. 당연한 말이지만, 번역에서는 애매함이나 모호함을 되도록이면 제거하는 일이 긴요하다.

제3장 대명사

대명사는 명사 대신에 쓰이는 것으로, 인칭 대명사, 지시 대명사, 의문 대명사 세 가지가 있다.

(1) 인칭 대명사

① 일인칭

일인칭은 '나'를 가리킨다. 일반적인 한문에서는 '我, 吾, 余, 予' 따위를 두루 쓰지만, 불교한문에서는 '我, 吾'가 주로 쓰인다. '我'는 주어나 목적어 또는 소유격으로 두루 쓰이며, 단수와 복수 어느 쪽으로든 다 쓰인다.

3-1 如是我聞.
　　이와 같이 나는 들었다.

위의 구절은 거의 모든 경전의 첫머리에 나온다. 이런 관용적 표현의 사용은 석가모니가 입멸한 뒤에 결집(結集) 곧 제자들이 모여서 각자 기억하고 있는 부처님의 가르침을 암송하여 기록으로 남긴 것이 바로 불교경전임을 나타낸다. 위 예문에서 '如是'가 앞에 나와 있지만, '我'가 주어이며 '聞'은 동사로 술어 구실을 하고 있다. 여기서 흥미로운 부분은 '如是'(이와 같이)다. 문법적 기능이 좀 애매해 보이기 때문이다. 대체로 위에서처럼 해석하므로 부사로 간주되기 십상이다. 그러나 부사는 동사나 형용사 또는 다른 부사를 수식하므로 위 예문에서라면 적어도 '我'와 '聞' 사이에 놓여야 마땅하다.[10] 그런데 오히려 주어인 '我' 앞에 놓이면서 문장 첫머리에 나온다. 이를 문장 전체를 수식하는 것으로 볼 수도 있으나, 또 한 가지 문제가 있다. 문맥상 적절하지 않다는 점이다.

문맥상으로 보자면, '如是我聞'은 내가 "어떠어떠하게" 들은 것이 아니라 "부처님이 이와 같이 설하시는 것을" 들었다는 의미를 담고 있다. 즉, '如是'는 '들은 방식'을 나타내는 것이 아니라 '들은 내용'을 지시하고 있다는 말이다. 이 문장 뒤에 화자가 들은 내용 곧 경전 내용이 이어지고 있기 때문이다. 그렇다면 '如是'는 부사가 아닌 명사로 쓰인 것이며, '聞'의 목적어로서 도치되어 앞에 놓인 것이라 보는 것이 타당하다. 『금강경 언해본』에서는 "이 같음을 내 듣자오니"라고 표현되어 있는데, 이는 문법적으로나 문맥상으로나 정확하게 번역된 것이라 말할 수 있다.

3-2 罵詈毀辱我, 我等敬信佛(『妙法蓮華經』「勸持品」)

---

10) '부사'에 대해서는 6장에서 다루었다.

우리를 욕하고 꾸짖으며 헐뜯어도 우리는 부처님을 공
경으로 믿어

위 예문에서 ‘我’는 목적어로 쓰였고, ‘我等’은 주어로 쓰였다.
여기서 볼 수 있듯이 ‘我’는 그 자체로 복수를 나타내기도 하는데,
복수임을 분명하게 나타내기 위해서 ‘둘 이상’을 나타내는 ‘等’이
붙기도 한다.

3-3 世尊! 我等亦當於他國土廣說此經, 所以者何?(『妙法蓮華
    經』「勸持品」)
    세존이시여! 우리 또한 다른 국토에서 이 경을 널리 설
    할 것입니다만, 그 까닭이 무엇이겠습니까?

또 ‘我’는 소유격으로도 쓰인다.

3-4 我佛國土常淨若此.(『維摩詰所說經』「佛國品)」)
    나의 불국토는 늘 이와 같이 깨끗하다.

‘吾’도 ‘我’처럼 널리 쓰이는데, 문법적 기능도 비슷하다.

3-5 大王名稱, 周聞十方, 我等欽風, 故來至此. 吾曹今者,
    各有所求(『華嚴經』「十無盡藏品」)
    대왕의 거룩한 이름이 시방에 두루 들리매 저희가 (들

고) 흠모한 까닭에 여기에 왔나이다. 우리는 이제 각자 바라는 바가 있사오니

위 예문에서는 '我等'과 '吾曹'가 각각 주어로서 동일한 사람들을 가리키는 데 쓰였다. 복수형을 나타내는 데 '等'과 함께 '曹'도 쓰임을 알 수 있다. '曹'는 무리를 나타낸다.

3-6 此是我子, 我之所生. 於某城中捨吾逃走, 伶俜辛苦五十餘年(『妙法蓮華經』「信解品」)
이는 나의 아들이요 내가 낳은 바라. 아무 성 안에서 나를 버리고 도망하여 온갖 고생하기 50여 년이었으니

3-7 告舍利弗, 汝諸人等, 皆是吾子, 我則是父.(『妙法蓮華經』「譬喩品」)
사리불에게 이르노니, 너희 모든 사람들이 다 내 자식이요, 나는 곧 아비로다.

'捨吾'에서 '吾'는 동사 '捨'의 목적어로 쓰였다. '我子'와 '吾子'에서 '我'와 '吾'는 모두 소유격을 나타낸다. 그런데 '我之所生'에서 '我'는 소유격이 아니라 주격이다. '之'가 쓰였기 때문에 소유격으로 여길 수도 있으나, '我生'(내가 낳다)의 명사형으로 '之所'가 붙은 것이다. '我所生'이라 표현해도 되었지만, 넉 자 구절을 맞추느라 '之'를 더한 것이기도 하다.

② 이인칭

이인칭은 대화에서 듣는 사람 곧 상대방을 가리킨다. 일반적인 한문에서는 '汝, 而, 爾, 女, 若, 乃' 따위가 이인칭 대명사로 쓰인다. 그러나 불교한문에서는 '汝' 한 글자가 주로 쓰이며, 주어와 목적어의 기능을 한다.

3-8 汝今諦聽! 當爲汝說.(『金剛經』)
　　너는 이제 잘 들어라! 마땅히 너를 위해 설하리라.
3-9 汝得無諍三昧, 一切衆生亦得是定. 其施汝者, 不名福
　　田, 供養汝者, 墮三惡道.(『維摩詰所說經』「弟子品」)
　　네가 무쟁삼매를 얻으면 일체 중생 또한 이 선정을 얻
　　는다. 너에게 보시하는 자는 복전이라 불리지 않고, 너
　　에게 공양하는 자는 삼악도에 떨어진다.

위 예문을 보면, 이인칭 대명사로는 오로지 '汝' 한 글자가 쓰임을 알 수 있다. 가령, '爾'는 불교한문에서 주로 지시 대명사로서 '그, 그것'을 의미하는 데 쓰이며, '爾時'(그때)라는 표현으로 가장 많이 나온다. 때로 '爾乃'(그러면 곧)로 표현되기도 한다. 그 밖에 '而'는 말을 이을 때에 주로 쓰이고, '女'는 '여인'을 뜻하는 말로만 쓰인다. '若'(만약, 만일 ~한다면)은 가정이나 조건의 의미로 줄곧 쓰인다. 이렇게 이인칭을 나타내는 다른 대명사들이 쓰이지 않는 대신에, 불교한문에서는 독특하게 '仁者'를 이인칭 대명사로 활용했다.

3-10 無盡意菩薩白佛言：“世尊！我今當供養觀世音菩薩.”
即解頸眾寶珠瓔珞, 價直百千兩金, 而以與之, 作是言：
“仁者, 受此法施珍寶瓔珞.”(『妙法蓮華經』「觀世音菩薩普
門品」)

무진의보살이 부처님께 아뢰었다. “세존이시여! 저는
지금 관세음보살께 공양을 올리려 합니다.” 곧바로 자
기 목에 걸려 있는, 수백 수천 량의 금값이 나가는 보
배 구슬로 만든 목걸이를 풀고는 그것을 드리려 하면
서 이렇게 말했다. “인자시여, 이 법보시로 드리는 보
배 구슬로 된 목걸이를 받으십시오.”[11]

'仁者'는 유교에서 인(仁)을 갖춘 사람을 뜻하며, 일반적으로는
높은 덕을 지닌 사람이나 정이 깊은 사람을 가리킬 때 썼다. 그런
데 불교에서는 상대를 높여 부를 때 이 말을 자주 쓴다. 위 예문에
서는 무진의보살이 관세음보살에게 '仁者'라 불렀다. 아래 예문에
서는 나계범왕이 대화 상대인 '수보리'에게 이 표현을 썼다.

3-11 螺髻梵言：“仁者心有高下, 不依佛慧, 故見此土爲不淨
耳.”(『維摩詰所說經』「佛國品」)

---

11) '영락(瓔珞)'은 구슬을 꿰어 몸에 걸어 장엄하는 기구인데, 손목을 장식하는
수영락(手瓔珞), 발을 장식하는 각영락(脚瓔珞), 팔뚝을 장식하는 비영락(臂瓔
珞), 목을 장식하는 인영락(咽瓔珞) 등 여러 유형이 있다. 번역할 때는 팔찌나
발찌, 목걸이, 가슴걸이 따위로 구체적으로 풀어주는 것이 마땅하리라 생각
한다.

나계범왕이 말했다. "그대의 마음에는 높음과 낮음의 차별이 있어 부처님의 지혜에 기대지 않으므로 이 국토를 보고 깨끗하지 않다고 여기는 것뿐입니다."

③ 삼인칭

삼인칭은 말하는 이와 듣는 이가 아닌 다른 사람을 가리킨다. 현대 중국어에서는 삼인칭 대명사로 '他'를 쓰지만, 본래 한문에서는 '다른 것, 다른 사람'을 뜻하는 말이었다. 불교한문에서는 주로 '彼'가 삼인칭 대명사로 쓰인다. 본래 이 글자는 지시 대명사로 '그것'을 뜻하는 말이었으며 '此'(이것)와 대비되는 것이었다. 가령, 『맹자』에 나오는 "彼一時, 此一時也"(그것도 한때고, 이것도 한때다)가 그런 용례를 잘 보여준다.

3-12 彼有園林, 名普莊嚴. 其園中有優婆夷, 名曰休捨. 汝往彼問, "菩薩云何學菩薩行, 修菩薩道?"(『華嚴經』「入法界品」)
그곳에 원림이 있으니, 보장엄이라 부른다. 그 동산에 우바이가 있으니, 이름을 휴사라 한다. 너는 그에게 가서 "보살은 어떻게 보살행을 배우고 보살도를 닦습니까?" 하고 물어라.

3-13 彼自無瘡, 勿傷之也. 欲行大道, 莫示小徑.(『維摩詰所說經』「弟子品」)

그들 스스로 부스럼이 없으니, 상처를 주지 마십시오. 대도를 가려고 하니, 작은 오솔길을 보여주지 마십시오.

위 첫째 예문에서는 두 가지 의미로 '彼'가 쓰이고 있다. '彼有園林'(그곳에 원림이 있다)에서는 화자에게서 멀리 떨어져 있는 장소를 가리키는데, '汝往彼問'(너는 그에게 가서 물어라)에서는 앞에 나오는 '휴사'라는 인물을 가리키며 목적어로 쓰였다. '汝往彼問'의 '彼'도 앞에 인물의 이름이 거론되지 않았다면, 장소로 보더라도 아무런 문제가 되지 않는다. 둘째 예문에서는 '彼'가 주어로 쓰였으며, 단수가 아닌 복수의 의미를 가진다.

'彼' 이외에 삼인칭 대명사로 쓰이는 글자로는 '之'가 있다. 앞의 3-10에 나오는 "而以與之"에서처럼 '之'는 대부분 동사의 목적어로 쓰인다.

3-14 我皆令入無餘涅槃而滅度之.(『金剛經』)
　　　나는 이들 모두를 남김없는 열반에 들게 하여 멸도하게 할 것이다.

위에서 '之'는 동사인 '滅度'의 목적어로 쓰였다. 인용된 구절 안에서는 '皆'를 가리키며, 본래의 문장에서 볼 때는 '존재하는 모든 중생'을 가리킨다.

3-15 舍利弗! 我今亦復如是, 知諸衆生有種種欲深心所著, 隨其本性, 以種種因緣譬喻言辭方便力而爲說法.(『妙法蓮華經』「方便品」)

사리불아! 나는 이제 또 이와 같이 모든 중생의 갖가지 욕심과 그 마음이 깊이 집착하는 바를 알아서 그들의 본성에 따라 가지가지의 인연과 비유와 언사와 방편력으로 그들을 위해 법을 설한다.

대명사 '其'도 삼인칭을 나타내는 데 쓰이며, '명사+之(~의)'를 대신하는 구실을 한다. 위의 '其本性'(그들의 본성)처럼 소유격으로 많이 쓰이며, 주어로는 잘 쓰이지 않는다. 아래 예문에서도 마찬가지다.

3-16 爾時, 釋提桓因, 與其眷屬二萬天子俱(『妙法蓮華經』「序品」)

이때 석제환인이 그의 권속 2만 천자와 함께 했으며

④ 재귀 대명사

일반적으로 한문에서 행위나 동작의 주체 자신을 가리키는 재귀 대명사로는 '己'가 쓰이는데, 주어나 목적어로 쓰인다. 그런데 불교한문에서는 주로 목적어로 쓰인다.

3-17 損他益己, 終無是處, 如此惡行, 諸不善法, 一切如來, 所不稱歎.(『華嚴經』「十迴向品」)

남에게 손해를 끼치고 자기를 유익하게 함은 결코 옳은 짓이 아니니, 이와 같은 악행과 온갖 선하지 않은 법은 모든 여래가 칭찬하지 않는 것이다.

3-18 而諸子等, 於火宅內樂著嬉戲, 不覺不知, 不驚不怖, 火來逼身, 苦痛切己, 心不厭患, 無求出意.(『妙法蓮華經』 「譬喩品」)

그러나 아이들은 불타는 집 안에서 놀이의 즐거움에 빠져 깨닫지도 알지도 못하고 놀라지도 두려워하지도 않으며 불이 제 몸에 가까이 와 고통이 자기에게 닥쳐와도 싫어하거나 걱정하지 않고 집에서 나오려는 뜻도 없다.

위 첫째 예문에서 '他'는 '나 이외 다른 사람'을 가리키는 말로 쓰였다. 현대 중국어에서 삼인칭으로 쓰이는 것과는 다름을 알 수 있다. '己'는 주체 자신을 가리키는 데 쓰였다. 또 둘째 예문의 '逼身'에서 볼 수 있는 것처럼 '身'도 '己'처럼 쓰임을 알 수 있다.

'己'는 명사를 수식하는 데에도 쓰이는데, 특히 불교한문에서 자주 보인다.

3-19 諸善男子, 如來所演經典, 皆爲度脫衆生, 或說己身, 或說他身, 或示己身, 或示他身, 或示己事, 或示他事 (『妙法蓮華經』「如來壽量品」)

모든 선남자들아, 여래가 설명한 경전은 모두 중생을

제도하여 해탈시키기 위함이니, 혹은 자기 불신(佛身)
을 설하고 혹은 남의 불신을 설하며, 혹은 자기 불신을
보이고 혹은 남의 불신을 보이며, 혹은 자기 일을 보이
고 혹은 남의 일을 보이나

앞서 3-13의 예문에서 이미 보았듯이 '自'도 재귀 대명사로 쓰
이는데, 주어나 목적어로는 쓰이지 않고 부사로만 쓰인다.

3-20　仁者自生分別想耳.(『維摩詰所說經』「觀眾生品」)
　　　그대는 분별하는 생각을 스스로 낼 뿐이다.

그런데 아래 예문들에서 볼 수 있듯이 불교한문에서는 '自'가
'己'처럼 주어나 명사의 수식어로 쓰이기도 한다.

3-21　如佛所說, 若自有縛, 能解彼縛, 無有是處, 若自無縛,
　　　能解彼縛, 斯有是處.(『維摩詰所說經』「文殊師利問疾品」)
　　　부처님이 설하신 바처럼 만약 자신은 얽매여 있으면서
　　　남의 얽매임을 풀어줄 수 있다고 하면 옳다고 할 것이
　　　없거니와 자신은 얽매여 있지 않으면서 남의 얽매임을
　　　풀어줄 수 있다고 하면 이는 옳은 것이다.

3-22　自疾不能救而能救諸疾?(『維摩詰所說經』「弟子品」)
　　　자신의 병도 고칠 수 없으면서 다른 사람들의 병을 고
　　　칠 수 있겠는가?

'自'가 부사로 쓰일 때는 반드시 동사 앞에 놓이는데, 3-21의 '自'도 그런 점에서 보자면 부사로 쓰였다고 볼 여지가 있다. 그러나 달리 주어가 없는 상태에서 문두에 '自'가 쓰였고 또 뒤의 '彼'와 대비되므로 주어로 보는 것이 타당하다. 3-22에서는 동사가 '救'(치료하다)인데, '自'가 부사로 쓰였다면 '救' 앞에 놓여 '自救'가 되었어야 한다. 그러나 부사로 쓰이지 않고 명사인 '疾' 앞에 놓여 수식어로 쓰였고, 아울러 '疾'과 함께 '救'의 목적어로 기능하고 있다. 이 점을 확인해 주는 것이 뒤의 '救疾'이다. 이미 말했듯이 목적어가 강조될 때는 '自疾'처럼 문장 앞에 놓이는 경우가 많다. 덧붙이면, '諸疾'의 '諸'는 본디 '모든'을 뜻하지만, 여기서는 앞의 '自'와 짝이 되어 '나 이외의 모든'을 뜻하는 말로 쓰였다.

(2) 지시 대명사

지시 대명사는 사람을 대신 가리키기도 하지만, 사물과 장소를 가리키기도 한다. 가장 널리 쓰이는 것으로는 '是, 此, 彼, 斯, 爾' 등이 있다.

① 是

사람이나 사물을 가리키며, 대명사로 쓰일 때는 주어나 목적어가 된다. 또 부사적으로 사용되기도 한다.

3-23 唯舍利弗, 不必是坐爲宴坐也. 夫宴坐者, 不於三界現
身意, 是爲宴坐, 不起滅定而現諸威儀, 是爲宴坐.(『維
摩詰所說經』「弟子品」)
아 사리불이여, 이렇게 앉아 있다고 꼭 좌선이 되는 것
은 아닙니다. 무릇 좌선이란 삼계에서 몸과 뜻을 드러
내지 않는 것 이것이 좌선이며, 멸진정에서 일어나지
않고도 온갖 위의를 드러내는 것 이것이 좌선입니다.

'是坐'의 '是'는 부사적으로 쓰여 '이렇게'로 해석되지만, 뒤에 나
오는 두 '是爲'의 '是'(이것)는 모두 지시 대명사로 쓰였다. 두 '是爲'
가운데서 앞의 '是'는 앞 구절 '不於三界現身意'를, 뒤의 '是'는 앞
구절 '不起滅定而現諸威儀'를 각각 가리키면서 주어 구실을 하고
있다.

3-24 諸法畢竟不生不滅. 是無常義.(『維摩詰所說經』「弟子品」)
모든 법은 결국 나지도 않고 사라지지도 않습니다. 이
것이 무상의 뜻입니다.

위의 '是'는 바로 앞의 문장을 가리키며 주어로 쓰였다. 또 '是'는
뒤에 오는 명사나 명사구를 수식하기도 한다.

3-25 是人執我, 必當見殺. 何用衣食, 使我至此?(『妙法蓮華
經』「信解品」)

이 사람이 나를 잡았으니 (나는) 반드시 죽게 될 것이다. 어찌하여 입고 먹는 것 때문에 내가 이 지경에 이르렀던가?

불교경전에서 '是'는 '如是'(이와 같이, 이와 같은)의 형태로 많이 쓰이며, 또 '於是, 是故'처럼 문장을 연결하는 연결사를 이루어 쓰이는 일도 많다.

② 此

'此' 또한 '是'와 마찬가지로 주어, 목적어, 수식어 등으로 두루 쓰인다.

3-26 示諸佛土, 衆寶嚴淨, 及見諸佛, 此非小緣.(『妙法蓮華經』「序品」)
　　　(그분은) 온갖 불국토가 수많은 보배로 장엄하고 청정하게 꾸며져 있음을 보여주셨고 또 (우리는) 모든 부처님을 뵈었으니, 이는 작은 인연이 아닙니다.

3-27 佛坐道場, 所得妙法, 爲欲說此, 爲當授記?(『妙法蓮華經』「序品」)
　　　부처님께서 도량에 앉으시니, 얻으신 미묘한 법 이것을 설하기 위해서입니까, 수기를 주기 위해서입니까?

위 첫째 예문에서 '此'는 앞 구절 '示諸佛土, 衆寶嚴淨, 及見諸佛'을 지시하면서 주어로 쓰였고, 둘째 예문의 '此'는 앞의 '所得妙法'을 지시하면서 동사 '說'의 목적어로 쓰였다. 이와 달리 아래 예문에서는 수식어로 쓰였다.

3-28 佛神力故, 令此道場一切莊嚴於中影現.(『華嚴經』「世主妙嚴品」)
　　　부처님의 신통력 때문이니, (이 힘은 또) 모든 장엄을 이 도량 안에 그림자처럼 나타나게 했다.

③ 彼

'彼'는 가리키는 대상이 말하는 이로부터 멀리 있을 때 쓴다. '是, 此'와 마찬가지로 수식어로도 쓰이고 대명사로도 쓰인다. 대명사로 쓰일 경우에는 주어나 목적어 구실을 한다.

3-29 須菩提, 彼非衆生, 非不衆生.(『金剛經』)
　　　수보리야, 그들은 중생도 아니고 중생이 아닌 것도 아니다.

3-30 世尊, 我不堪任詣彼問疾.(『維摩詰所說經』「弟子品」)
　　　세존이시여, 저는 그에게 가서 문병하는 일을 감당할 수 없습니다.

위 첫째 예문에서는 '彼'가 주어로 쓰였는데, 둘째 예문에서는 유마힐을 가리키며 '詣'(이르다, 찾아가다)의 목적어로 쓰였다. 아래 예문에서 볼 수 있는 것처럼 수식어로도 쓰인다.

3-31 我等今日, 得未曾有, 非先所望, 而今自得, 如彼窮子, 得無量寶.(『妙法蓮華經』「信解品」)

우리는 오늘 일찍이 없었던 것을 얻었고, 이전에 바라지 않던 것을 이제 저절로 얻었는데, 이는 저 궁한 아들이 무량한 보배를 얻은 것과 같습니다.

3-32 誰聞如是法, 不發菩提心. 除彼不肖人, 癡冥無智者.(『維摩詰所說經』「佛道品」)

누가 이와 같은 법을 듣고서 보리심을 일으키지 않으랴. 저 못나고 어리석은 자, 멍청하고 무지한 자들을 빼고.

위에서 '彼'는 각각 '窮子'와 '不肖人'을 수식하고 있다. 첫째 예문의 '非先所望'은 그 자체로 보면, 술어에 해당하며 "이전에 바라던 것이 아니었다"로 번역된다. 그런데 이는 문법적으로나 의미상으로나 적절하지 않다. 문맥상으로는 뒤에 놓인 '自得'의 목적어가 되어야 하므로 명사구로 해석해야 한다. 그러면 '所'가 명사화하는 글자이니, 본디 '所非先望'이라 해야 할 것을 '非先所望'이라 한 것일까? 아니다. '非先所望' 자체가 아무런 표지 없이 명사화된 것이거나 뒤에 '者'가 생략된 형태거나 둘 가운데 하나로 보는 것이 타당하다.

'彼'는 또 특정한 대상이 아니라 일반적인 의미에서 '남'을 가리키기도 한다.

3-33 居士可捨此女. 一切所有施於彼者, 是爲菩薩.(『維摩詰所說經』「菩薩品」)

거사께서는 이 여인들을 버려야 합니다. 모든 소유물을 남에게 보시하는 자, 그가 보살입니다.

때때로 '彼'에 '之'나 '之所'가 더해져 쓰이기도 한다.

3-34 隨彼之所須, 得入於佛道, 以善方便力, 皆能給足之.(『維摩詰所說經』「佛道品」)

저들이 바라는 바를 좇아서 불도에 들게 해 주고 뛰어난 방편력으로 모든 것을 넉넉하게 대준다네.

3-35 其佛以神通願力, 十方世界在在處處, 若有說法華經者, 彼之寶塔皆踊出其前, 全身在於塔中(『妙法蓮華經』「見寶塔品」)

그 부처님은 시방세계 어느 곳에서든 『법화경』을 설하는 이가 있다면 신통력과 원력으로 저 보탑을 모두 그 앞에 솟아나게 하시고, 온 몸이 탑 안에 있으면서

'彼之所須'에서 '彼'는 주격으로 쓰였고, '彼之寶塔'에서는 소유

격을 나타낸다. 또 '彼'와 비슷한 뜻을 갖는 글자로 '其'가 있는데, 이 글자는 주어나 목적어로는 쓰이지 않고 위의 '其佛'과 '其前'에서처럼 수식어로만 쓰인다.

④ 斯

'斯' 또한 '此, 是'처럼 가까이 있는 것을 가리킨다.

3-36 有見諸佛土, 以衆寶莊嚴, 琉璃頗梨色, 斯由佛光
照.(『妙法蓮華經』「序品」)
모든 불국토가 무수한 보배로 장엄되어 유리와 파리
색깔이 나는 걸 볼 수 있는데, 이는 부처님의 광명으로
말미암아 빛나는 것이다.

3-37 各見世尊在其前, 斯則神力不共法.(『維摩詰所說經』「佛國
品」)
각자 세존께서 제 앞에 계심을 보니, 이는 곧 짝할 이
없는 신통력일세.

위에서 '斯'는 각각 앞에 나오는 '諸佛土, 以衆寶莊嚴, 琉璃頗
梨色'과 '各見世尊在其前'을 가리키며, 둘 다 주어로 쓰였다. 아래
의 예문에서처럼 수식어로도 쓰인다.

3-38 世尊何故, 放斯光明? 佛子時答, 決疑令喜. 何所饒益,

演斯光明?(『妙法蓮華經』「序品」)
세존께서는 무슨 까닭으로 이 광명을 놓으시는지요?
이 불자들이 때맞게 답하여 의문을 풀고 기뻐하게 해
주소서. 무슨 이익이 있어 이 광명을 뿜어내시는지요?

⑤ 爾

'爾'는 본래 상대방을 가리키는 글자다. 그러나 불교한문에서는
'彼, 此'와 같은 지시 대명사로 쓰이는데, 아래 예문에서 볼 수 있
듯이 대체로 '爾時'의 형태로 많이 쓰인다.

3-39 爾時一切大衆, 睹佛神力, 歎未曾有, 合掌禮佛.(『維摩
詰所說經』「佛國品」)
그때 모든 대중은 부처님의 신통력을 보고 일찍이 없
었던 일에 탄복하며 두 손 모아 부처님께 예배했다.

아래의 예문에서처럼 조금 다르게 표현되는 경우도 있으나, 그
의미는 '爾時'와 다르지 않다.

3-40 須菩提! 又念過去於五百世作忍辱仙人, 於爾所世, 無
我相, 無人相, 無衆生相, 無壽者相.(『金剛經』)
수보리야! 또 과거 오백세 동안에 인욕선인이었을 때
를 생각해 보니, 그때 세상에서도 아상이 없었고 인상

도 없었고 중생상도 없었고 수자상도 없었다.

아래의 예문에서처럼 '爾'가 '乃'와 결합하여 연결사로서 '이에, 그래서, 그리하여' 따위로 해석되는 경우도 많다.

3-41 大威德世尊, 爲度衆生故, 於無量億劫, 爾乃得成佛.(『妙法蓮華經』「化城喩品」)
크나큰 위의와 덕을 갖추신 세존께서는 중생을 제도하기 위해서 셀 수 없는 억겁을 보내셨으니, 그리하여 성불할 수 있었습니다.

3-42 是善男子善女人, 入如來室, 著如來衣, 坐如來座, 爾乃應爲四衆, 廣說斯經.(『妙法蓮華經』「法師品」)
이 선남자 선여인은 여래의 방에 들어가 여래의 옷을 입고 여래의 자리에 앉아야 할 것이니, 그래야만 사부대중을 위해 이 경전을 널리 설할 수 있으리라.

또 불교한문에서 '爾'는 술어로도 쓰이는데, 그때는 '이러하다, 그러하다' 따위로 해석된다.

3-43 佛滅度後, 正法當住, 四十小劫, 像法亦爾.(『妙法蓮華經』「授記品」)
부처님이 멸도하신 뒤에 정법은 마땅히 사십 소겁 동안 이어질 것이고 상법 또한 그러할 것입니다.

3-44 佛法衆爲二, 佛卽是法, 法卽是衆. 是三寶皆無爲相,
　　　與虛空等, 一切法亦爾.(『維摩詰所說經』「入不二法門品」)
　　　부처님과 법과 승중(僧衆)은 둘이 되지만, 부처님이 곧
　　　법이요 법이 곧 승중이다. 이 세 보배는 모두 무위의
　　　상이며 허공과 같고, 일체의 법 또한 그러하다.

(3) 의문 대명사

일반적으로 한문에서 쓰이는 의문 대명사로는 '誰, 孰, 何, 奚,
惡, 焉' 따위가 있는데, 불교경전에서는 '誰, 孰, 何' 세 가지 의문
대명사가 주로 쓰인다.

① 誰

'誰'는 대개 사람을 가리키며, 주어나 목적어로 쓰인다.

3-45 誰能於此娑婆國土廣說妙法華經?(『妙法蓮華經』「見寶塔
　　　品」)
　　　누가 이 사바국토에서 『묘법연화경』을 널리 설할 수
　　　있을까?
3-46 誰取我去? 願見救護.(『維摩詰所說經』「見阿閦佛品」)
　　　누가 우리를 데리고 가는 것입니까? 부디 우리를 구해

주십시오.

위의 두 예문에서는 '誰'가 주어로 쓰였다. 아래 예문들은 주어
와 목적어로 다 쓰인 경우를 보여준다.

3-47 今佛世尊入于三昧. 是不可思議現希有事, 當以問誰,
誰能答者?(『妙法蓮華經』「序品」)
이제 부처님 세존께서는 삼매에 드셨다. 이런 불가사
의는 희유한 일을 드러낸 것인데, (이를) 누구에게 물
을 것이며, 누가 답할 수 있겠는가?

3-48 誰爲汝父母, 汝今繫屬誰?(『華嚴經』「入法界品」)
누가 그대의 부모이며, 그대는 지금 누구에게 매여 있
는가?

'誰'가 '問誰'와 '繫屬誰'에서는 목적어로, '誰能答者'와 '誰爲汝
父母'에서는 주어로 쓰였다. 그런데 후자의 경우에는 '能答者誰
也?'(답할 수 있는 자는 누구인가?)와 '汝父母爲誰?'(그대의 부모는 누구
인가?)로 바꾸어 표현할 수 있다. 이때는 '誰'가 보어로 쓰이는 셈
이다.
또 '誰'는 개사의 목적어로 쓰이기도 한다.

3-49 壽命因誰起, 復因誰退滅?(『華嚴經』「菩薩問明品」)
수명은 누구로 말미암아 일어나며 또 누구로 말미암아

없어지는 것일까?

3-50 汝將誰見?(『楞嚴經』권1)

　　네가 누구를 가지고 보느냐?

'誰'가 첫째 예문에서는 '因'의 목적어로, 둘째 예문에서는 '將'의 목적어로 쓰였다. '將'은 '以'나 '用'과 같은 구실을 한다.

또 '誰'가 '爲' 뒤에 놓일 경우, 아래와 같이 불교한문에서는 '誰' 앞에 '是'가 붙는 일이 많다. 일반적인 한문에서는 볼 수 없는 일이다.

3-51 汝等師爲是誰, 誰之弟子?(『妙法蓮華經』「妙莊嚴王本事品」)

　　너희의 스승은 누구이며, (너희는) 누구의 제자이냐?

3-52 此中何法, 名爲梵行, 梵行從何處來, 誰之所有? 體爲是誰, 由誰而作?(『華嚴經』「梵行品」)

　　이 가운데 어느 법이 범행이고, 범행은 어디에서 왔으며 누구의 소유인가? 그 실체는 누구이며, 누구로 말미암아 짓는가?

3-53 如是聞者是誰?(『大珠禪師語錄』卷上)

　　이와 같다면 듣는 자는 누구인가?

일반적인 한문에서라면, '體爲是誰'는 '體爲誰'로 표현되었을 것이고, '聞者是誰'는 '聞者誰也'라고 표현했을 것이다. 그런데, 불교한문에서는 왜 '是'가 덧붙는가? 크게 두 가지로 생각해 볼 수 있다. 첫째는 넉 자 구절을 맞추기 위해서다. 3-51과 3-53의 경우에 과연 넉 자 구절이라 말할 수 있는가 하겠지만, 넉 자 구절과 함께 여섯 자 구절도 아울러 표현되고 있다는 점에서 어긋난 것이 아니다.[12] 둘째는 강조를 나타내는 것으로, '도대체, 대관절' 따위처럼 궁금함이나 놀람의 말맛을 담아내려는 의도가 작용했다고 말할 수 있다. 따라서 '體爲是誰'는 '그 실체는 과연 누구인가?'로, '聞者是誰'는 '듣는 자는 도대체 누구인가?'로 읽을 수 있다.

또 3-51과 3-52의 예문들에서 볼 수 있는 것처럼 '誰'가 소유격으로 쓰일 때에는 뒤에 '之'가 오는 경우가 일반적인데, 아래에서처럼 생략되기도 한다.

> 3-54 爾時, 太子告彼女言: "汝是誰女, 爲誰守護?"(『華嚴經』「入法界品」)
> 이때 태자가 그 여인에게 이르기를, "너는 누구의 딸이며, 누구의 보호를 받느냐?"

② 孰

'孰' 또한 사람을 가리키며, 대개 주어로 쓰인다.

---

12) 넉 자 구절이 주로 표현되지만, 여섯 자 구절도 아울러 표현되는 것은 불교 경전이 본격적으로 한역되던 시기가 위진남북조 시기였기 때문이다. 이 시기에는 4언구와 6언구를 기본으로 하여 대구로 문장을 구성하던 변려문(騈儷文)이 유행했다. 한역된 경전이나 논서 들에는 이 영향이 다분하다.

3-55　孰聞人寶不敬承!(『維摩詰所說經』「佛國品」)

누가 인간 세상의 보배에 대해 듣고 공경으로 받들지 않겠는가!

3-56　設有人來語菩薩,"孰能投身大火聚, 我當與汝佛法寶," 聞已投之無怯懼.(『華嚴經』「十地品」)

가령 어떤 사람이 와서 보살에게 말하기를, "누가 커다란 불구덩이에 몸을 던질 수 있는가? (네가 그럴 수 있다면) 내가 부처님의 법보를 너에게 주겠다"고 하면, 그 말을 듣고 아무런 두려움 없이 몸을 던질 것이다.

'孰'은 사람 이외에 사물을 가리키기도 한다. 아래 예문에서 볼 수 있듯이 '孰' 앞에 범위를 나타내는 말이 오는 경우도 많다.

3-57　又問: "善不善孰爲本?" 答曰: "身爲本." 又問: "身孰爲本?" 答曰: "欲貪爲本."(『維摩詰所說經』「觀衆生品」)

또 물었다. "선과 불선에서는 무엇이 근본입니까?" 대답했다. "몸이 근본입니다." "몸에서는 무엇이 근본입니까?" "탐욕이 근본입니다."

'身爲本'에서는 '身'이 주어로 쓰였지만, '身孰爲本'에서는 '身'이 부사로 쓰였고 주어는 '孰'이다.

③ 何

'何'는 사물을 가리키는 의문 대명사이며, 주로 술어와 목적어로 쓰인다. 불교경전에서 자주 쓰이는 '所以者何'의 '何'가 술어로 쓰인 경우다. 또 '何以, 何爲, 何謂' 따위처럼 개사나 동사의 목적어로 쓰이기도 한다.

3-58 寶積! 衆生之類是菩薩佛土. 所以者何?(『維摩詰所說經』 「佛國品」)

보적아! 중생의 국토가 보살의 불국토이니라. 그 까닭이 무엇이겠느냐?

대체로 많은 번역자들이 '所以者何'를 "왜냐하면"으로 풀이하는데, 문맥을 고려한 번역으로 여겨지기도 하지만 어색한 경우도 적지 않다. 아마 관행적으로 그렇게 번역하는 게 아닌가 생각된다. 따라서 좀 더 문맥을 면밀하게 살펴서 번역할 필요가 있으리라 생각한다. 문법적으로 따지자면, 본래는 '所以者'가 주어고 '何'가 술어다. 또 '왜냐하면'으로 자주 번역되는 표현으로 '何以故'도 있는데, 이 또한 문맥에 따라 적절하게 번역할 필요가 있다.

3-59 何以故? 須菩提! 若菩薩有我相人相衆生相壽者相, 卽非菩薩.(『金剛經』)

어째서 그러하냐? 수보리야! 만약 보살에게 아상이나

인상, 중생상, 수자상이 있으면 곧 보살이 아니기 때문이다.

일반적인 한문에서는 '何'가 개사 뒤에 놓인다. 따라서 '何以'는 '以何'가 도치된 것으로, '何'가 개사인 '以'의 목적어로 쓰였다고 볼 수 있다. 그런데 여기에 동일한 의미를 갖는 '故'가 덧붙어서 관용구가 되었다. 이런 관용적 표현으로는 '於意云何'가 있다.

3-60 舍利弗, 於汝意云何? 是長者等與諸子珍寶大車, 寧有虛妄不?(『妙法蓮華經』「譬喻品」)
사리불아, 네 뜻에 어떠하냐? 이 장자가 아들들에게 보배로 꾸민 큰 수레를 똑같이 주는 것이 오히려 속임수가 되느냐, 안 되느냐?

3-61 須菩提, 於意云何? 如來有所說法不?(『金剛經』)
수보리야, 네 뜻에 어떠하냐? 여래가 설한 법이 있느냐 없느냐?

'云何'에서 '何'는 동사 '云'의 목적어로 쓰여서 본래 '무엇을 말하는가? 무엇이라고 하는가?'라고 해석된다. '於意'는 3-61에서 분명하게 표현되어 있듯이 '於汝意'를 줄인 말이며, 화자가 상대를 향해 하는 말임이 저절로 드러나 있으므로 '汝'가 생략된 것이다. 따라서 본래 '於意云何'는 '네 생각에는 무엇을 말하는 것 같으냐 또는 네 뜻으로는 무엇이라고 여겨지느냐'라는 의미를 담고 있었다. 이를 대체로 "너는 어떻게 생각하느냐?" 또는 "네 생각은 어떠하냐?"라고 번역하고 있을 따름이다. 참고로 3-60의 '等與'(똑같이 주다)에서 '等'은 '與'를 수식하는 부사로 쓰였다.

'云何'는 또 관용적으로 많이 쓰이기도 하는데, 크게 두 가지로 쓰인다. 아래 예문을 보라.

3-62 此中云何忽生眾生?(『妙法蓮華經』「化城喩品」)
      여기에서 무엇이 중생을 갑자기 생겨나게 했는가?
3-63 云何是諸佛地, 云何是諸佛境界?(『華嚴經』「如來現相品」)
      어떤 것이 부처님들의 지위이며, 어떤 것이 부처님들의 경계인가?
3-64 國土云何得成立, 諸佛云何而出現(『華嚴經』「普賢三昧品」)
      국토는 어떻게 성립될 수 있었으며, 부처님들은 어떻게 출현할 수 있었는지

3-62와 3-63의 예문에서 볼 수 있듯이 '云何'는 '何者'와 같은 뜻으로 쓰였다.[13] 이는 곧 '何'를 단독으로 쓰는 경우와도 같으며, '무엇, 어떤 것'으로 해석된다. 그런데 3-64에서는 다르게 쓰여 '왜, 어떻게'로 해석된다. 이때의 '云何'는 '如何'와 같다.

'何'는 명사의 수식어로 쓰이기도 한다. 자주 쓰이는 관용적 표현으로는 '何故, 何因緣' 등이 있다. '何故'는 '무슨 까닭, 무슨 원

---

13) 이를 4-65의 예문이 뒷받침해 주는데, 참조하기 바란다.

인'으로, '何因緣'은 '무슨 인연'으로 풀이되는데, '어떻게, 왜'라는 의미를 함축하고 있으며 의문사로 쓰인다.

> 3-65 若有衆生受持正法, 悉能除斷一切煩惱, 何故復有受持 正法而不斷者?(『華嚴經』「菩薩問明品」)
>
> 만약 정법을 받아 지닌 중생이라면 모두 모든 번뇌를 끊어 없앨 수 있는데, 무슨 까닭으로 또 바른 법을 받아 지녔음에도 끊지 못하는 것입니까?
>
> 3-66 世尊, 以何因緣有此寶塔從地踊出, 又於其中發是音 聲?(『妙法蓮華經』「見寶塔品」)
>
> 세존이시여, 무슨 인연으로 이런 보탑이 땅에서 솟아 나며 또 그 안에서 이런 음성이 나오는 것입니까?
>
> 3-67 唯有如來知此衆生種相體性, 念何事, 思何事, 修何事, 云何念, 云何思, 云何修, 以何法念, 以何法思, 以何法 修, 以何法得何法.(『妙法蓮華經』「藥草喩品」)
>
> 오로지 여래만이 이 중생의 종류, 모습, 실체, 성품을 알고, 무슨 일을 염하고 무슨 일을 생각하고 무슨 일을 닦으며 어떻게 염하고 어떻게 생각하고 어떻게 닦으며 무슨 법으로 염하고 무슨 법으로 생각하고 무슨 법으로 닦으며 무슨 법으로써 무슨 법을 얻는지를 안다.

위 첫째 예문에서 '何故復有受持正法而不斷者'의 주어는 앞에 나온 '有衆生受持正法'이다. 둘째 예문의 주어는 명사구인 '此寶

塔從地踊出'과 '是音聲'이며, 이 둘은 도치되어 각각 동사 '有'와 '發' 뒤에 놓여 있다. '此寶塔從地踊出'은 그 자체로 "이 보탑은 땅에서 솟아난다"로 해석되므로 마치 '此寶塔'이 이 구절의 주어인 것처럼 여겨질 수 있다. 그러나 앞에 동사 '有'가 있으므로 안긴문장으로서 주어 구실을 하는 명사구로 보아야 한다. 만약 문법대로 번역하면 "무슨 인연으로 이런 보탑이 땅에서 솟아나는 일이 있으며"가 된다. 3-59의 예문에서 보았듯이 '何以故'는 비록 관용적 표현이지만, 독립된 문장이라 할 수 있다. 반면에 '何故'는 위에서 볼 수 있듯이 문장의 일부분으로 쓰인다. 셋째 예문의 '何事'나 '何法' 또한 마찬가지다.

제4장 동사

동사는 본래부터 술어의 기능을 갖고 있다. 이런 동사에는 '往, 入, 住, 起, 食, 降伏, 合掌' 따위 활동을 나타내는 것들, '見, 知, 念, 愍, 聞' 따위 생각이나 뜻을 나타내는 것들이 있다. 목적어가 뒤따라 올 수도 있고 오지 않을 수도 있다. 목적어를 필요로 하지 않는 동사를 자동사, 필요로 하는 동사를 타동사라 한다.

『유마힐소설경』에 나오는 "不見四諦, 非不見諦"(사제를 보지 않으나 사제를 보지 않음도 아니다)에서도 드러나듯이 명사를 부정할 때는 '非'가 쓰이지만, 동사를 부정할 때는 '不'이 쓰인다.

(1) 명사가 동사로 쓰인 경우

동사가 명사로 쓰일 수 있는 것처럼 명사가 동사로 쓰일 수도 있다.[14]

4-1 未涅槃者令得涅槃(『妙法蓮華經』「藥草喩品」)

---

14) 동사가 명사로 쓰이는 경우에 대해서는 2장 (1)에서 다루었다.

아직 열반하지 못한 자에게 열반을 얻게 하고

산스크리트 '니르바나(nirvāṇa)'의 한역어인 '涅槃'은 번뇌가 완전히 소멸된 상태를 뜻하는 명사다.[15] 위의 '得涅槃'(열반을 얻다)에서 그렇게 쓰였는데, '入於涅槃'(열반에 들다), '求涅槃'(열반을 구하다) 따위의 표현에서도 마찬가지다. 그런데 위 예문의 '未涅槃'에서는 '열반하다'는 뜻의 동사로 쓰였다.

여기에서 한 가지 흥미로운 것은 사역 동사인 '令'(시키다)이 '得' 앞에 놓여 있다는 사실이다. 문법적으로 보자면, '未涅槃者' 앞에 놓여서 "令未涅槃者得涅槃"이 되어야 옳다. 전체적인 의미에서는 전혀 문제가 되지 않는데, 그렇다고 꼭 넉 자 구절로 만들기 위해서라고 말할 수도 없다. 『법화경』 원문을 보면, 4-1 앞에는 "未度者令度, 未解者令解, 未安者令安"(건너지 못한 자 건너게 하며, 이해하지 못한 자 이해하게 하며, 편안하지 못한 자 편안하게 하며)라는 구절이 나오기 때문이다. 앞 구절들과 가락을 맞추기 위해 그렇게 표현했다고 말할 수 있는데, 여기에는 '度, 解, 安'의 경우처럼 '得涅槃'을 강조하려는 의도가 깔려 있다.

4-2 天雨妙華, 以散其上(『無量壽經』卷上)
하늘은 아름다운 꽃을 비처럼 내려 그 위에 흩뿌리고

4-3 若爲人輕賤, 是人先世罪業應墮惡道.(『金剛經』)

---

15) 열반(涅槃)을 뜻으로 푼 것이 '멸도(滅度)'다.

다른 사람들에게 경멸과 천시를 받는다면, (그것은) 이 사람이 전생에 악도에 떨어져도 마땅한 죄업을 지어서다.

'雨'는 본래 명사지만, 위의 예문에서는 '비가 내리다, 비 오다'는 뜻의 동사로 쓰였다. '罪業' 또한 몸이나 입, 뜻으로 짓는 죄악으로, 미래에 고통을 받을 원인이 되는 나쁜 행위를 뜻하는 명사다. 그런데 4-3에서는 '죄업을 짓다'는 뜻의 동사로 쓰이고 있다. 물론 4-3을 "이 사람은 전생에 지은 죄업으로 마땅히 악도에 떨어져야 한다"로 번역하면, '罪業'은 본래대로 명사로 쓰인 것이 된다. 그러나 이렇게 번역하면 앞에 나오는 "若爲人輕賤"(만약 다른 사람들에게 경멸과 천시를 받는다면)과 어색해진다. 앞 구절이 어떠한 결과를 가정하고 표현한 것이므로 뒤 구절은 그 원인이나 이유를 제시하는 표현이 되어야 하기 때문이다.

4-4 非凡夫非離凡夫法, 非聖人非不聖人(『維摩詰所說經』「弟子品」)
　　 범부도 아니고 범부의 법을 떠난 것도 아니며 성인도 아니고 성인이 되지 않은 것도 아니라면

'凡夫'와 마찬가지로 '聖人'도 본래 명사다. '非聖人'에서는 '非'가 명사를 받기 때문에 '聖人'이 본래대로 명사로 쓰인 셈이지만, '不聖人'에서는 '不'이 동사를 받는 까닭에 '聖人'이 '성인이 되다,

성인 노릇을 하다'는 뜻의 동사로 쓰였음을 알 수 있다. 이처럼 명사가 동사로 쓰일 때는 그 앞에 조동사나 부사 또는 부사어가 올 수 있다. 『논어』「위정(爲政)」의 "君子不器"(군자는 그릇이 아니다)에서 '器'(그릇으로 쓰다)와 같은 쓰임이다.

4-5 又問: "空可分別耶?" 答曰: "分別亦空."(『維摩詰所說經』「文殊師利問疾品」)

또 물었다. "공을 분별할 수 있습니까?" 대답했다. "분별 또한 공입니다."

'分別亦空'에서 '分別'은 명사임이 분명하다. 그러나 '空可分別耶'에서는 '分別'이 조동사 '可' 뒤에 놓임으로써 '분별하다, 사유하다'는 뜻의 동사로 쓰였다.

(2) 자동사

자동사는 목적어를 필요로 하지 않는 동사다.

4-6 如有見虛空, 端居不搖動, 而言普騰躍, 懈怠者亦然.(『華嚴經』「菩薩問明品」)

마치 어떤 사람이 허공을 바라보며 반듯하게 앉은 채 움직이지 않고 어디에나 올라간다고 말하는 것처럼 게

으른 자 또한 그러하다.

4-7 我常獨處山林樹下, 若坐若行(『妙法蓮華經』「譬喩品」)

　　　나는 늘 숲속이나 나무 아래 혼자 머물며 앉기도 하고
　　　거닐기도 하면서

4-8 爾時舍利弗踊躍歡喜, 卽起合掌(『妙法蓮華經』「譬喩品」)

　　　이때 사리불이 뛸 듯이 기뻐하고는 곧 일어나 합장하고

　　4-6에서 ‘見’과 ‘言’은 각각 ‘虛空’과 ‘普騰躍’을 목적어로 받는
타동사이며, ‘居’와 ‘搖動’은 자동사다. 4-7에서는 ‘坐’와 ‘行’이,
4-8에서는 ‘歡喜’(기뻐하다)와 ‘起’(일어나다)가 자동사다. 다만, ‘合
掌’(두 손을 모으다)은 ‘타동사+목적어’로 이루어진 글자로서 불교한
문에서는 한 어휘로 간주되므로 ‘합장하다’는 뜻의 자동사로 보아
도 무방하다. ‘踊躍’(좋아서 뛰다)은 본디 자동사로 쓰이는데, 여기
서는 ‘歡喜’를 수식하는 부사어로 쓰였다.

　　4-9 其子得病父母亦病, 若子病愈父母亦愈.(『維摩詰所說經』
　　　　「文殊師利問疾品」)

　　　그 아들이 병을 얻으면 부모 또한 병들고, 아들의 병이
　　　나으면 부모 또한 낫습니다.

　　‘得病’에서는 ‘病’이 명사로서 목적어 구실을 하지만, ‘亦病’의
‘病’은 ‘병들다’는 뜻의 자동사다. ‘愈’ 또한 ‘낫다’는 뜻의 자동사다.
위 예문에서 볼 수 있듯이 자동사가 쓰인 구문에서는 행위와 관련

된 명사가 하나뿐이며, 그 명사는 주어 구실을 한다. 그러나 아래 예문에서처럼 주어가 생략되는 경우도 많다.

4-10 若來已更不來, 若去已更不去.(『維摩詰所說經』「文殊師利問疾品」)
    만약 와버렸다면 다시 오지 못하고, 만약 가버렸다면 다시 가지 못합니다.

타동사의 목적어가 주어의 자리로 옮기면 타동사가 자동사 구실을 할 수 있다.

4-11 心懷大歡喜, 疑網皆已除.(『妙法蓮華經』「譬喩品」)
    마음에 커다란 환희가 일면서 의혹의 그물이 모두 없어졌습니다.

역시 『법화경』 「비유품」에 나오는 "佛音甚希有, 能除衆生惱"(부처님의 음성은 참으로 희유하여 중생의 번뇌를 없앨 수 있습니다)의 경우를 보더라도 '除'(없애다)는 타동사로 쓰이는데, 위 예문에서는 목적어 '疑網'이 주어의 자리에 놓이면서 '除'가 '없어지다'라는 뜻의 자동사로 구실하고 있다. 반면에 자동사가 타동사로 쓰이기도 한다.

4-12 卽於一切菩薩深起敬心.(『維摩詰所說經』「弟子品」)
    곧바로 모든 보살을 향해 공경하는 마음을 깊이 일으

켰습니다.

4-13 悉放光明而來瑩燭.(『華嚴經』「世主妙嚴品」)

광명을 다 내뿜어서 환한 빛이 오게 했다.

'起'(일어나다)가 '일으키다'는 뜻으로, '來'(오다)가 '오게 하다'는
뜻으로 쓰였다. 이렇게 타동사 기능을 하는 자동사는 '명시적인 목
적어'가 없을 경우에는 본래의 자동사로 되돌아간다.

또 아래의 예문에서 볼 수 있듯이 자동사도 보어를 취할 수 있
다. 이 보어는 얼핏 타동사의 목적어처럼 보이지만, 실제로는 그렇
지 않다.

4-14 不起滅定而現諸威儀, 是爲宴坐.(『維摩詰所說經』「弟子
品」)

멸진정에서 일어나지 않고도 온갖 위의를 드러내는 것
이것이 좌선입니다.

'滅定'은 '滅盡定'과 같으며, 마음과 마음의 작용이 다 사라져 고
요해진 상태로, 일종의 선정(禪定)을 이른다. '不起滅定'은 그런 선
정을 일으키지 않는다는 뜻이 아니라 그런 선정에서 일어나지 않
는다, 즉 나오지 않는다는 뜻이다. 요컨대, '滅定'은 '起'의 목적어
가 아니라 '於滅定'에서 '於'가 생략된 표현이라 할 수 있다.

(3) 타동사

문장에 타동사가 쓰일 경우에는 적어도 두 개의 명사, 곧 행위의
주체와 행위의 대상이 필요하다. 일반적으로 행위의 주체는 동사
나 술어 앞에 오고, 행위의 대상은 동사나 술어 뒤에 온다.

4-15 菩薩摩訶薩不離欲界, 入色界無色界禪定解脫及諸三昧
(『華嚴經』「離世間品」)
보살마하살은 욕계를 떠나지 않고 색계 · 무색계의 선
정과 해탈 및 모든 삼매에 들어가되

4-16 爾時, 世尊知諸大弟子心之所念, 告諸比丘.(『妙法蓮華
經』「授記品」)
이때 세존께서는 대제자들이 마음으로 생각한 것을 아
시고 모든 비구들에게 이르셨다.

위 첫째 예문에서는 '離'와 'ㅅ'이, 둘째 예문에서는 '知'와 '告'가
목적어를 필요로 하는 타동사로 쓰였다. 그런데 '告'는 '알리다, 가
르치다, 일깨우다'라는 뜻을 가진 동사여서 하나의 목적어로는 불
충분해 보인다. 위의 예문에서도 암시되어 있듯이 세존께서 비구
들에게 '무언가'를 이르셨고, '이르신 내용'은 실제로 대화체 형식
의 문장으로 이어져 있다. 사실, 불교경전에는 '世尊告'나 '佛告'와
같은 표현이 상투적으로 쓰인다.

4-17 佛告須菩提, "莫作是說."(『金剛經』)

　　부처님께서 수보리에게 이르셨다. "그런 말 하지 말라."

4-18 世尊告舍利弗, "汝已慇懃三請, 豈得不說."(『妙法蓮華
　　經』「方便品」)

　　세존께서 사리불에게 이르셨다. "네가 이미 은근하게
　　세 번이나 청했는데, 어찌 설하지 않을 수 있겠느냐."

말하기의 주체가 부처님 또는 세존이 아니라 그 제자일 경우에
는 좀 다른 표현이 상투적으로 쓰인다. 아래의 예문에 나오는 것처
럼 '白~言'이 그것이다.

4-19 正念天子白法慧菩薩言, "佛子, 一切世界諸菩薩衆, 依
　　如來教, 染衣出家 …"(『華嚴經』「梵行品」)

　　정념 천자가 법혜 보살에게 아뢰었다. "불자시여, 온
　　세계의 모든 보살들이 여래의 가르침에 의지하여 물든
　　옷을 입고 출가하였으니 …"

'告'와 '白'은 분명히 행위의 대상 즉 목적어로 사람뿐만 아니라
'말하고자 하는 내용'으로서 목적어도 필요로 하는데, 위에서 볼
수 있듯이 대화체로 이루어진 글에서는 대화 내용이 그것을 대신
한다. 이런 문장 형식을 겸어식(兼語式)이라 하는데, 뒤에서 다룰
사역 동사도 이런 형식을 취한다.

덧붙이자면, 위 예문에서 '依'와 '染'은 타동사로 각각 '如來教'와

'衣'를 목적어로 받고 있다. '出家' 또한 본래는 '동사+목적어' 형태
의 구절인데, 하나의 어휘처럼 널리 쓰이게 되면서 굳이 그렇게 해
석하지 않게 되었다. 다만, 문맥에 따라 명사로도 쓰이고 위에서처
럼 동사로 쓰이기도 한다.

그리고 불교경전은 붓다가 제자들에게 가르침을 설하는 내용으
로 이루어져 있으므로 '말하다, 가르치다, 보여주다, 주다' 등의 뜻
을 가진 동사들이 많이 쓰인다. 이들 동사들은 타동사로서 이중 목
적어를 취한다. 하나는 영어의 간접목적어에 해당하는 것으로 대
개 사람이며, 다른 하나는 직접목적어에 해당한다.

4-20 示諸衆生一切智慧.(『妙法蓮華經』「藥草喩品」)
　　　모든 중생에게 온갖 지혜를 보여 주신다.
4-21 安樂世間心天子, 得與一切衆生不可思議樂令踊躍大歡
　　　喜解脫門(『華嚴經』「世主妙嚴品」)
　　　안락세간심 천자는 모든 중생에게 불가사의한 즐거움
　　　을 주어 뛸 듯이 크게 기뻐하게 하는 해탈문을 얻었고

위 첫째 예문에서 '示'(보여주다, 가르치다)는 '諸衆生'을 간접목적
어로, '一切智慧'를 직접목적어로 받는다. 둘째 예문의 '與'는 '一
切衆生'을 간접목적어로, '不可思議樂'을 직접목적어로 받는다.
직접목적어를 '以'가 이끄는 구로 바꾸는 일도 흔하다.[16]

─────────────

16) '以'의 쓰임에 대해서는 8장 (2)에서 다루었다.

4-22　以一食施一切(『維摩詰所說經』「弟子品」)

　　　한 끼의 음식을 모든 중생에게 베풀고

　위 예문은 '施一食於一切'로 표현할 수 있다. 이로써 알 수 있는
것은 '一食'이 본래 '施'의 직접목적어였다는 사실이다. '一食'이 동
사 앞으로 오면서 '以'와 결합하고, '於一切'의 '於'는 생략된 것이
다. 아래 예문에서처럼 '以'가 이끄는 구가 뒤에 올 수도 있다.

4-23　我從是來不復勸人以聲聞辟支佛行.(『維摩詰所說經』「弟
　　　子品」)

　　　저는 이 이후로 다시는 사람들에게 성문과 벽지불의
　　　수행을 권하지 않았습니다.

　위 예문의 경우, '聲聞辟支佛行'은 본래 동사 '勸'의 직접목적어
로서 동사 바로 뒤에 놓여야 하는데, 오히려 간접목적어 뒤에 놓이
면서 '以'가 더해진 것이라 할 수 있다. '以'의 이런 쓰임은 4-22의
경우와 마찬가지로 개사로서 '도치'와 관련이 있다. 목적어가 동사
앞에 놓이거나 직접목적어와 간접목적어의 위치가 뒤바뀌거나 할
때 '以'가 활용된다는 말이다.
　직접목적어와 간접목적어 앞에 '於'가 붙는 경우도 많다.

4-24　淨五眼得五力立五根, 不惱於彼.(『維摩詰所說經』「弟子
　　　品」)

오안을 깨끗이 하고 오력을 얻어 오근을 세워서 저들
을 괴롭게 하지 않습니다.[17]

4-25 爲此等故, 說於苦諦(『妙法蓮華經』「譬喩品」)

　　　이러한 사람들을 위해 고제를 설하니

'~에게 ~을 말하다'는 뜻의 '謂'는 매우 자주 쓰이는 동사인데, 일
반적으로는 말을 듣는 사람이 간접목적어가 되고 '言' 다음에 나오는
대화 내용이 직접목적어 구실을 한다. 아래 예문이 그러한 예다.

4-26 時維摩詰來謂我言(『妙法蓮華經』「譬喩品」)

　　　이때 유마힐이 와서 저에게 ~라고 말했습니다.

드물지만 '謂' 대신에 '語'가 쓰이기도 한다. 또 아래와 같이 간접
목적어가 생략된 채 직접목적어로 명사구를 받는 경우도 많다.

4-27 汝勿謂如來作是念, 我當有所說法.(『金剛經』)

　　　너는 여래가 '나는 마땅히 설할 법이 있다'는 생각을
　　　짓는다고 말하지 말라.

---

17) '오안(五眼)'은 범부에서 부처가 되기까지 갖추게 되는 다섯 가지 눈 곧 육
　　안(肉眼)·천안(天眼)·혜안(慧眼)·법안(法眼)·불안(佛眼)을 가리킨다. '오력
　　(五力)'은 깨달음에 이르게 해 주는 다섯 가지 힘으로, 신(信)·정진(精進)·염
　　(念)·정(定)·혜(慧)의 '오근(五根)'이 기(欺)·태(怠)·진(瞋)·한(恨)·원(怨) 따
　　위 다섯 가지 장애를 극복하게 한다.

위 예문에서 '謂'의 목적어인 '如來作是念, 我當有所說法'은 '주어+동사+목적어' 구문으로 된 안긴문장이다. '我當有所說法'은 '是念'의 구체적인 내용으로, 둘은 동격이다.

일반적인 한문에서는 명명(命名)할 때에 '謂'를 흔히 쓰는데, 불교한문에서는 '名'이 대신 널리 쓰이며 때로 '號'를 쓰기도 한다.

4-28 其最後成佛者, 名曰燃燈.(『妙法蓮華經』「序品」)

  그 마지막에 성불하신 분을 이름하여 연등이라 한다.

4-29 八百弟子中有一人, 號曰求名.(『妙法蓮華經』「序品」)

  8백 제자 가운데 한 사람이 있으니, 구명이라 부른다.

위 예문에서 볼 수 있듯이 대체로 '名曰'의 형태로 나오며, 명명의 대상은 주로 '名曰' 앞에 나온다. 따라서 4-28의 경우, "名其最後成佛者曰燃燈"으로 바꿀 수 있어 '~를 ~이라고 부르다'라는 구조임을 알 수 있다. 그런데 이런 형태를 두고 '그 이름이 ~이다'로 풀이하는 경우가 많은데, 우리말로 풀이를 할 때는 '名'이 주어처럼 보이지만 문법적으로는 주어가 아니다. '名'을 주어로 보려면, 아래와 같이 표현되어야 한다.

4-30 是經名爲金剛般若波羅蜜.(『金剛經』)

  이 경전의 이름은 금강반야바라밀이라 한다.

이때에는 '爲'가 동사 구실을 해 주므로 '名'이 동사로 쓰이지 않은 것이 명확하다. 그러나 아래 예문을 보면, '名'이 동사로도 곧잘 쓰임을 알 수 있다. 물론 타동사로서 목적어를 수반하는데, 이때는 '~이라 부르다, ~이라 하다, 이름이 ~이다, 이름을 ~이라 하다' 따위로 번역된다.

4-31 如來者, 無所從來, 亦無所去, 故名如來.(『金剛經』)
여래는 온 곳도 없고 또 간 곳도 없으므로 여래라고 부른다.

4-32 彼世界種中有國土, 名衆寶莊嚴.(『華嚴經』「如來現相品」)
저 세계종 가운데 한 국토가 있으니, 중보장엄이라 한다.

4-33 其施汝者不名福田.(『維摩詰所說經』「弟子品」)
그대에게 보시하는 것은 복전이라 하지 않는다.

위 셋째 예문에서 '名' 앞에 놓인 '不'은 '名'이 동사로 쓰였음을 말해 준다. '其施汝者'는 당연히 주어가 아니라 '名'의 목적어이며, 주어 자리에 놓였을 뿐이다. 또 아래 예문에서처럼 '名' 앞에 지시 대명사 '是'가 오는 경우도 많다. 이때 '是'는 앞의 구절이 목적어임을 나타낸다.

4-34 莊嚴佛土者則非莊嚴, 是名莊嚴.(『金剛經』)
불토를 장엄한다는 것은 곧 장엄이 아니니, 이를 장엄이라 한다.

4-35　若菩薩作是言, 我當莊嚴佛土, 是不名菩薩.(『金剛經』)

　　만약 보살이 '나는 불토를 장엄할 것이다'라는 말을 한
　　다면, 이 사람은 보살이라 할 수 없다.

(4) 사동과 피동

① 사동

　남에게 어떤 행위를 하게 하는 동사를 사역동사 곧 사동(使動)이
라 하는데, 이런 동사는 두 개의 목적어를 취한다. 첫 번째 목적어
는 명사나 대명사이며, 두 번째 목적어는 첫 번째 목적어를 주어로
하는 절이다. 이러한 문장 형식을 '겸어식(兼語式) 또는 겸어 구조'
라 하는데, 앞서 타동사를 다루면서 언급한 바 있다. 동사 '使'와
'令'이 주로 사동으로 쓰이는데, 그런 문장은 대개 '누구로 하여금
～을 하게 하다, 누가 ～을 하게 시키다'로 해석된다.

4-36　普使衆生生淨信(『華嚴經』「世主妙嚴品」)

　　널리 중생들이 깨끗한 믿음을 내게 하시니

4-37　令諸衆生永割癡網.(『華嚴經』「世主妙嚴品」)

　　모든 중생이 어리석음의 그물을 영원히 끊게 하였다.

4-38　莫使異人聞此麤言, 無令大威德諸天及他方淨土諸來
　　菩薩得聞斯語.(『維摩詰所說經』「弟子品」)

.

다른 사람들에게 이런 거친 말을 듣게 해서는 안 되며, 뛰어난 위엄과 덕을 갖춘 모든 천신들과 다른 정토에서 온 보살들이 이 말을 듣지 못하게 하시오.

위에서 '使'와 '令'의 1차적인 목적어는 '衆生, 諸衆生, 異人, 大威德諸天及他方淨土諸來菩薩' 등이며, 이 목적어들은 각각 뒤에 오는 구절의 주어 구실을 한다. 4-36의 경우, '衆生'은 '使'의 목적어이면서 '生淨信'의 주어 노릇을 한다. 그리하여 "중생들을 시켜 깨끗한 믿음을 내게 한다"라는 번역보다 "중생들이 깨끗한 믿음을 내게 한다"로 번역하는 것이, 즉 '중생'에 목적격 조사 '~을'을 붙이는 것보다 주격 조사 '~이'를 붙이는 것이 적절해진다. 또 4-38의 경우, '異人'은 '聞此麤言'의 주어 구실을 하고, '大威德諸天及他方淨土諸來菩薩'은 '得聞斯語'의 주어 구실을 한다.

대체로 첫 번째 목적어를 주어로 삼는 절은 '동사+목적어' 형식을 취한다. 그런데 이 형식과 달리 '목적어+동사' 형식을 취하는 경우도 있다.

4-39 皆能示現種種光明, 令諸衆生熱惱除滅.(『華嚴經』「世主妙嚴品」)
모두 갖가지 광명을 드러내 보여서 모든 중생이 뜨거운 번뇌를 없애게 하신다.

위의 예문에서 '熱惱除滅'은 '除滅熱惱'가 도치된 구절이다. 도

치되었음을 알려주는 것은 두 개의 목적어를 취하는 '令'이 앞에
놓여 있기 때문이다. 이러한 문법적 사실을 간과하고 도치된 구절
로 보지 않는다면, '令諸衆生熱惱除滅'은 '모든 중생의 뜨거운 번
뇌를 없애게 한다'로 해석하게 된다. 이렇게 되면 번뇌를 없애는
주체가 중생이 아니라 본래 문맥에 따르면 '主火神'이 되어버려 의
미가 아주 달라져버린다.

'使'와 '令' 외에도 사역동사로 '敎'가 쓰이기도 한다. '敎'는 본래
의 뜻인 '가르치다'에서 이미 짐작할 수 있듯이 '使'나 '令'보다는 어
세가 약하다.

4-40 我昔敎汝志願佛道, 汝今悉忘, 而便自謂已得滅度(『妙
法蓮華經』「譬喩品」)
나는 옛날에 네가 불도에 뜻을 두어 (부처가 되기를)
바라게 했거늘, 너는 이제 모든 것을 잊고서는 이미 멸
도를 얻었다고 스스로 여기니

② 피동

주어가 어떤 행위나 동작을 당하는 것을 피동(被動)이라 하는데,
불교한문에서 피동을 나타내는 데 쓰이는 글자로는 '被'가 있다.
'被'는 동사 앞에 놓여 그 동사의 동작이나 행위를 중개하는 개사
다. 일반적으로 한문에서 피동의 기능을 나타내는 글자로는 '見'이
널리 쓰이는데, 불교한문에서는 거의 쓰이지 않는다. '被'로 대체

된 셈이다.

4-41 如此經歷多年, 常被罵詈, 不生瞋恚(『妙法蓮華經』「常不
輕菩薩品」)
이와 같이 여러 해를 지나면서 늘 욕을 먹어도 성을 내
지 아니하여

'罵詈'는 '욕하고 꾸짖다'라는 뜻인데, '被'가 없으면 주어가 행위
자가 된다. 그러나 '被'를 동사 앞에 두게 되면 '욕을 먹고 꾸짖음
을 당하다'라는 의미가 되어 행위자로 해석하지 않을 수 있다. 본
래 '被'는 '입다, 겪다, 받다'라는 뜻을 가진, 그 자체로 완전한 동사
였다. 그 의미가 문법적으로 피동의 기능을 하게 만든 셈이다.

4-42 若見獄囚將欲被戮, 卽捨其身, 以代彼命(『華嚴經』「十迴
向品」)
만약 옥에 갇힌 죄수가 죽임을 당하게 된 것을 보면 곧
제 몸을 버려서 그 목숨을 대신하며

'被'를 피동의 표지로 쓰는 문장에서는 주어가 사람이다. 물론
위의 예문에서처럼 생략되는 경우가 많으나, 주어가 사람이라는
사실은 달라지지 않는다.

4-43 或被惡人逐, 墮落金剛山, 念彼觀音力, 不能損一毛(『妙

法蓮華經』「觀世音菩薩普門品」)

악인에게 쫓겨 금강산에서 떨어진다 해도 저 관음의
힘을 염하면 터럭 하나도 다치지 않으며

　현대 중국어에서는 '被'가 피동으로 주로 쓰이는데, 그 용법은
불교한문에서 비롯된 것일 가능성이 크다. 또 위 예문에서 '被惡
人逐'은 '爲惡人所逐'으로 바꾸어 표현할 수 있는데, 이는 '爲'도
피동을 나타내는 데 쓰이기 때문이다.

　4-44　譬如國王爲賊所侵, 發兵討除(『楞嚴經』 권1)
　　　　비유하자면 적에게 침략을 받은 국왕이 군사를 내어
　　　　적을 토벌하려면

　위 예문의 주어는 '國王'이고, '爲賊所侵'은 피동 구문으로서
주어를 수식하며, '發兵討除'가 술어다. 이를 "賊侵, 國王發兵討
除之"로 표현해서 훨씬 간단하면서 생동감이 넘치는 문장으로 만
들 수도 있다. 그렇게 하지 않은 것은 비유로써 든 문장이기 때문
이다.

　4-45　爾時長者卽作是念, "此舍已爲大火所燒, 我及諸子, 若
　　　　不時出, 必爲所焚."(『妙法蓮華經』「譬喩品」)
　　　　이때 장자는 바로 이런 생각을 했다. "이 집은 이미 큰
　　　　불에 타고 있으니, 저 아이들이 지금 나오지 않는다면

반드시 타죽게 될 것이다."

'爲大火所燒'는 문법적으로는 '큰불이 태우는 바가 되다'로 해석
되는데, 이를 매끄럽게 표현해서 '큰불에 타고 있다'로 해석했다.
또 '必爲所焚'은 앞의 '爲大火所燒'를 통해 '大火'가 생략된 것임을
알 수 있다. 이는 곧 행위자가 문장에 드러나지 않을 수도 있음을
가리킨다.

4-46 於諸佛所, 殖衆德本, 常爲諸佛之所稱歎(『妙法蓮華經』
「序品」)
모든 부처님 계신 곳에서 온갖 공덕의 근본을 심어 늘
부처님께서 칭찬하시는 것을 들었으며

이렇게 '爲'가 피동을 나타낼 때는 '누구에게 ~을 하게 되다, ~
을 당하다'라는 의미로 해석되며, '爲~所~, 爲~之所~'의 형태
를 취하는 것이 일반적이다. 그러나 아래 예문에서처럼 '所'나 '之
所'가 생략되는 경우도 많다.

4-47 善男子善女人受持讀誦此經, 若爲人輕賤(『金剛經』)
선남자 선여인이 이 경을 받아 지니고 읽고 외울 때에
(이로 말미암아) 다른 사람에게 업신여김을 받고 천시
당한다면

(5) 동사 '有'와 '無'

'有'와 '無'는 주어가 사람일 경우에는 '가지다, 얻다'와 '없다'는 의미로 쓰이는 일반적인 타동사다.

4-48 隨其迴向則有方便(『維摩詰所說經』「佛國品」)

　　　(보살이) 회향을 따른다면[18] 곧바로 방편을 얻으며

4-49 今者四衆咸皆有疑(『妙法蓮華經』「方便品」)

　　　이제 사부대중이 모두 의혹을 가지고 있으니

4-50 世雄不可量, 諸天及世人, 一切衆生類, 無能知佛者.(『妙
　　　法蓮華經』「方便品」)

　　　세상의 영웅이신 부처님은 헤아릴 길이 없어서 제천과
　　　이 세상 사람들, 모든 중생에게는 부처님을 알아볼 능
　　　력이 없다.

'有'와 '無'는 존재를 서술하는 데도 자주 쓰인다.

4-51 譬如盲人, 無有導師, 非出要道, 謂爲出要(『華嚴經』「十
　　　地品」)

　　　비유하자면 맹인이 이끌어주는 사람도 없이 나갈 길도
　　　아닌데 나갈 길이라 여기고

---

18) 또는 '제 공덕을 남에게 돌리게 된다면'으로 해석된다.

4-52 復有名月天子, 普香天子, 寶光天子, 四大天王(『妙法蓮華經』「序品」)

또 명월 천자, 보향 천자, 보광 천자, 사대 천왕이 있어

위 첫째 예문에서 '無導師'라 하지 않고 '無有導師'로 표현한 것은 넉 자 구절에 맞추기 위해서임은 말할 것도 없다. 어차피 '無'와 '有' 둘 다 존재를 나타내는 글자이기도 해서 해석에 아무런 문제가 발생하지 않는다. '謂爲' 또한 유사한 뜻을 가진 두 글자를 겹쳐 쓴 것이다.

'有'와 '無'가 존재 동사로 쓰일 경우, 주어가 없는 것이 일반적이다. 그러나 주어 자리에 장소를 나타내는 명사나 명사구가 놓여 주어처럼 구실하는 경우도 있다.

4-53 爾時, 毘耶離城有長者子, 名曰寶積.(『維摩詰所說經』「佛國品」)

이때 비야리성에 장자의 아들이 있어, 이름을 보적이라 했다.

4-54 爾時, 會中有二十億菩薩(『妙法蓮華經』「序品」)

그때 그 모임에는 20억의 보살이 있어서

'毘耶離城有長者子'는 '有長者子於毘耶離城'과 동일하며, '會中有二十億菩薩' 또한 '有二十億菩薩於會中'과 동일하다. 이는 '於毘耶離城'과 '於會中'이 문장 첫머리에 놓이면서 개사인 '於'가

생략된 형태다. 이처럼 장소를 나타내는 명사나 명사구가 구문의 첫머리에 놓일 경우, 개사 '於'가 생략된 것으로 볼 수 있다. 다만, 대비나 강조를 위해서 앞에 둘 경우에는 생략되지 않을 수 있다. 아래 예문을 보라.

4-55 如是小室乃容受此高廣之座, 於毘耶離城無所妨礙(『維摩詰所說經』「不思議品」)
이처럼 작은 방이 이같이 높고 넓은 사자좌를 담고 있어도 비야리성에 방해되거나 장애될 것이 없고

위 문장에서 비야리성은 방해나 장애를 일으키는 곳이 아니라 방해나 장애를 입는 대상이다. 방해나 장애를 일으킬 주체는 작은 방이다. 이렇게 비야리성이 대상으로 간주되는 것은 '於'가 있어서다. '於'가 없으면, 비야리성이 방해하고 장애를 일으키는 주체로 바뀌어 "비야리성에는 방해하거나 장애를 일으킬 게 없다 또는 비야리성은 방해하거나 장애를 일으키지 않는다"로 해석된다.

또 '有'는 명사화하는 '者'를 동반하여 마치 주어처럼 쓰이기도 한다.

4-56 若有信受此經法者, 是人已曾, 見過去佛, 恭敬供養, 亦聞是法, 若人有能信汝所說, 則爲見我, 亦見於汝, 及比丘僧, 并諸菩薩.(『妙法蓮華經』「譬喩品」)
만약 이 경전의 법을 믿고 받는 이가 있다면, 그는 이

미 과거불을 뵙고서 공경으로 공양하고 이 법 또한 들은 적 있는 사람이니, 만약 네가 설하는 이 법을 제대로 믿는 사람이 있다면, 그는 곧 나를 본 것이 되고 또한 너와 비구승과 보살들을 본 것이 된다.

위의 예문에서 '有信受此經法者'에는 '人'이 앞에 없으며, '人有能信汝所說'에는 '者'가 생략되어 있다. 형태는 달라 보이지만 문법과 의미에서는 차이가 없다. 무엇보다도 '有~者'가 '한 무리 가운데 어떤 사람' 곧 어떤 집합이나 무리에 속하는 사람을 가리키는 것임을 확인할 수 있다. '有信受此經法者'는 이 경전의 법을 듣는 이들 가운데서 '믿고 받는 이'를, '有能信汝所說'은 네가 설한 것을 듣는 이들 가운데서 '제대로 믿는 사람'을 가리키기 때문이다. 여기에서 '有'는 '어떤'의 의미를 가지고 주어가 되는 명사구를 수식하고 있는 셈이다.

4-57 若人有福, 曾供養佛, 志求勝法, 爲說緣覺, 若有佛子, 修種種行, 求無上慧, 爲說淨道. (『妙法蓮華經』「序品」)
만약 어떤 복 있는 사람이 부처님을 공양한 적이 있으면서 빼어난 법을 구하는 데 뜻을 둔다면 그를 위해 연각의 도리를 설하시고, 만약 어떤 불자가 갖가지 행을 닦으며 위없는 지혜를 구한다면 그를 위해 정도를 설하십니다.

먼저 눈여겨 볼 것은 '若有佛子'다. '有'가 '佛子'를 수식해서 수많은 불자들 가운데 '어떤 불자'를 가리키고 있다. 그리고 이 '有佛子'가 뒤에 나오는 '修種種行, 求無上慧'의 주어다. '若人有福'은 '若人有福者'에서 '者'가 생략된 형태이지만, '若有福人'이 도치된 구절로 보아도 문법적으로 아무 문제가 되지 않는다. 뒤의 '有佛子'가 이를 뒷받침해 주고 있고 또 이어지는 '曾供養佛, 志求勝法'의 주어임이 분명하기 때문이다.

4-58 若復有人, 於此經中, 受持乃至四句偈等爲他人說, 其福勝彼.(『金剛經』)
만약 또 어떤 사람이 이 경 가운데서 넉 자 구절만이라도 받아 지녀서 남을 위해 설한다면, 그 복은 저것보다 나으리라.

'어떤'의 의미로 쓰이는 '有'는 단독으로 주어 구실을 하지는 못한다. 이 점에서 '或'(어떤 사람)과 다르다. 이에 대해서는 8장 (2)를 참조하기 바란다.

(6) 조동사

동사 앞에 조동사가 놓이는 경우도 많다. 조동사로는 '得, 能, 可' 따위가 쓰이며, '~할 수 있다'로 해석된다.

4-59 度脫無量衆, 皆悉得成就(『妙法蓮華經』「五百弟子授記品」)

한량없는 중생을 제도하여 모두 성취할 수 있게 하나니

4-60 譬如有人, 欲於空地造立宮室, 隨意無礙, 若於虛空, 終不能成.(『維摩詰所說經』「佛國品」)

비유하자면 어떤 사람이 빈 터에 집을 짓고자 하면 뜻 대로 아무 장애 없이 지을 수 있으나, 만약 허공에 짓 고자 하면 끝내 이룰 수 없는 것과 같다.

4-61 若見是物, 則汝亦可見吾之見.(『楞嚴經』권2)

만약 봄(보는 성품)이 물건이라면 너 또한 나의 봄을 볼 수 있으리라.

첫째 예문의 '成就'는 '이루다'라는 뜻의 동사인데, 때로 명사로 쓰이기도 한다. 그러나 위에서처럼 조동사 '得'(~할 수 있다) 뒤에 놓이면, 동사로 보는 것이 타당하다. 셋째 예문에서는 '見'이 동사 와 명사로 다 쓰였다.

그런데 조동사 뒤에 오는 동사가 생략되기도 한다.

4-62 我從十二年來, 求女人相, 了不可得.(『維摩詰所說經』「觀 衆生品」)

저는 지난 12년 동안 여인의 모습을 찾았으나 끝내 찾 을 수 없었습니다.

'可得'은 '可得求'의 생략이다. '可得'에서 '得'을 '얻다'라는 뜻의 동사로 보아서는 안 된다. '可得'은 조동사가 중첩된 것으로, 불교 경전에서는 자주 보인다. '可得'과 비슷한 것으로 '能得'도 있는데, '得'을 굳이 덧붙인 것은 어떤 일의 결과를 나타내기 위해서라고 말할 수 있다.

> 4-63　若有菩薩於是衆中, 能一心聽諸佛實法(『妙法蓮華經』「譬喩品」)
>
> 만약 어떤 보살이 이 대중 가운데서 오롯한 마음으로 모든 부처의 진실한 법을 들을 수 있다면
>
> 4-64　深著苦因, 不能暫捨(『妙法蓮華經』「譬喩品」)
>
> 고의 원인에 깊이 집착하여 잠시라도 버리지 못하면

조동사 '能'과 동사 '聽' 사이에 부사 '一心'이, 마찬가지로 '能'과 '捨' 사이에 부사 '暫'이 놓였다. 이는 부사의 본래 기능에서 비롯된 것이다. 즉, 부사는 동사 앞에서 동사의 의미를 한정하거나 동사를 수식한다. 이로 말미암아 조동사와 동사 사이에 놓인 것인데, 불교 경전에는 이렇게 표현된 것이 허다하다.

(7) 동사 '是'

불교한문에서 널리 쓰이는 동사로 '是'(~이다)가 있다. 2-29, 2-49, 3-6, 3-7 등의 예문에 나오는 '是'가 동사로 쓰인 것들이

다. 널리 알려진 『반야심경』의 "色卽是空, 空卽是色"은 '是'가 동
사로 쓰인 대표적인 구절이다.

> **4-65** 亦復不知何者是火, 何者爲舍, 云何爲失, 但東西走,
> 戱視父而已.(『妙法蓮華經』「譬喻品」)
> 게다가 무엇이 불인지, 무엇이 집인지, 무엇을 잃을지
> 도 모른 채 그저 동으로 서로 뛰어다니며 놀면서 아비
> 를 흘끗 쳐다볼 뿐이었다.

'不知'에 이어지는 세 구절, 즉 '何者是火'와 '何者爲舍', '云何
爲失'은 목적절에 해당한다. 이를 보면, '是'가 어떤 문법적 기능을
하는지 잘 드러난다. '是'는 문법적으로나 의미상으로나 '爲'(~이
다, ~이 되다)와 거의 같은 동사로 쓰이고 있다. '是火'는 '불이다 또
는 불이 되다'라는 뜻이다.
불교한문에서 동사로 쓰이기 전에는 '是'가 동사로 쓰인 경우가
거의 없다. 이는 '色卽是空'에서처럼 넉 자 구절을 맞추기 위해 '是'
를 썼던 데에서 비롯된 것이 아닌가 여겨진다. '色卽是空'은 전통
적인 문법으로 보자면, '色卽空'(색은 곧 공이다)이라고만 표현해도
충분하다. 그런데 왜 꼭 '是'를 덧붙인 것일까? 이는 아마 '是'가 본
래 가까운 것을 지시하는 뜻을 가지고 있었던 데서 비롯되었으리
라. '色卽是空'의 경우, '是'를 지시 대명사로 보고 번역하면 "색은
곧 이 공이다"가 된다. 주어인 '色'에 해당하는 것이 다른 것이 아
니라 '이것' 곧 '空'이라는 뜻이다. 달리 말하면, '무엇은 무엇이다'

라는 문장 형태에서는 뒤의 '무엇이다'가 중요한 정보인데, '是'는 그 점을 부각시키는 구실을 하면서도 그 놓이는 위치가 '爲'와 같기 때문에 불교한문에서 동사로 자리 잡았다고 말할 수 있을 것이다.

4-66 如來說三十二相, 卽是非相. 是名三十二相.(『金剛經』)
　　　　여래께서 설하신 삼십이상은 곧 상이 아닙니다.(또는 상이 아닌 것이 됩니다.) 이 이름이 삼십이상입니다.

위 예문은 '是'가 없어도 해석하는 데 아무런 문제가 생기지 않는 문장이다. 오히려 '是'가 군더더기처럼 덧붙어 있다고 말할 수 있는데, 그것은 앞서 말했듯이 '是'가 뒤에 오는 말을 부각시켜 주면서 동시에 술어 구실을 하기 때문이다. '卽是非相'에 '是'가 있음으로 해서 "여래께서 설하신 삼십이상은 바로 설하신 그 순간에 상이 아닌 것이 됩니다. 그래서 설하신 바가 없는 것과 같고, 그저 삼십이상이라는 이름만 남습니다"라는 해석이 가능하다. 이 해석은 뒤에 왜 '是名三十二相'이라는 구절이 오는지를 명확하게 해 준다. 문법적으로 '是名'은 앞의 '說'과 동격이 되는 셈이다.

4-67 當知直心是菩薩淨土 … 深心是菩薩淨土 … 菩提心是菩薩淨土(『維摩詰所說經』「佛國品」)
　　　　마땅히 알아라, 곧은 마음이 보살의 정토임을 … 깊은 마음이 보살의 정토임을 … 보리심이 보살의 정토임을 어떤 언어에서든 문장에서 핵심이 되는 품사는 동사라 할 수 있다. 동사를 중심으로 문장이 구성될 뿐만 아니라 동사가 활용되는 방식도 다양하고 문맥에 따른 의미 변화도 크기 때문이다. 그런데 한 글자가 어떠한 형태 변화도 없이 여러 품사로 쓰이는 한문에서는 문장 안에서 어떤 글자가 동사인지 파악하기 어려운 때가 많다. 이러한 어려움 때문에 불교한문에서도 동사에 대한 문법적 이해는 특히 중요하다.

제5장 형용사

(1) 형용사의 기능

동사가 주어의 행위나 동작을 나타낸다면, 형용사는 주어의 상태나 성질을 나타낸다. 그런데 문법적으로 형용사를 동사로 분류하는 경우도 있다. 그것은 형용사가 문장 종결 조사인 '也'가 없이도 술어가 될 수 있고 '不'로 부정되는 등 문법적으로 동사와 유사한 면이 있다고 보기 때문이다. 그러나 형용사는 동사와 달리 명사를 수식할 수 있고, 그 자체로 명사로 쓰이기도 하며 때로는 주어로 쓰이기도 한다. '爲'나 '有' 같은 동사 뒤에서 목적어로 쓰일 수도 있다. 이런 점들로 말미암아 형용사를 동사와 다르게 취급할 필요가 있다.

5-1 憨念邪見衆生, 令住正見.(『妙法蓮華經』「妙莊嚴王本事品」)
　　삿된 견해를 가진 중생을 가엾이 여겨 바른 견해에 머물게 하셨느니라.

불교에서 마치 하나의 단어처럼 쓰고 있는 '邪見'과 '正見'은 본래 형용사 '邪'나 '正'이 각각 명사 '見'(견해)을 수식하는 형태의 복합어다. 쓰임새가 굳어져서 하나의 어휘처럼 쓰이고 있을 뿐인데, 이렇게 형성된 어휘는 불교한문에서 허다하게 볼 수 있다.

5-2 莊嚴佛土者, 卽非莊嚴, 是名莊嚴.(金剛經)
 　　불토를 장엄한다는 것은 곧 장엄이 아니니, 이 이름이 장엄입니다.

 '莊嚴'은 형용사 '莊'(엄정하다)과 '嚴'(엄숙하다)이 합쳐진 복합어로, 불교경전에서는 한 어휘처럼 쓰인다. 우리말로 '장엄하다'고 풀이되듯이 역시 형용사다. 위 예문에서는 '莊嚴'이 세 번 쓰였는데, 두 번째와 세 번째는 명사로 쓰인 것이다. 또 첫 번째 '莊嚴'은 '佛土'를 수식하는 형용사가 아니라 '佛土'를 목적어로 받는 동사로 쓰였는데, 이는 명사화하는 '者'가 쓰인 것으로 알 수 있다.

5-3 大如車輪(『藥師經』)
 　　크기가 수레바퀴만 하고

 위의 문장을 만약 주어가 생략된 형태로 본다면, "수레바퀴처럼 크다"라고 해석하게 된다. 그러나 형용사 '大'가 명사로 쓰여 주어 자리에 놓인 것이므로 위에서처럼 해석된다.
 형용사는 또 '爲'나 '有' 같은 동사 뒤에서 목적어로 쓰일 수도 있다.

5-4 諸佛法門無有邊, 能悉了知甚爲難.(『華嚴經』「世主妙嚴品」)

　　모든 부처님의 법문은 가없어 환히 다 알기란 매우 어렵네.

5-5 譬如諸天共寶器食, 隨其福德, 飯色有異.(『維摩詰所說經』
　　「佛國品」)

　　비유하자면 제천이 함께 보배 그릇으로 밥을 먹되 그 복덕에 따라서 밥 색깔은 다른 것과 같다.

위에서 '難'(어렵다)은 '爲'의 목적어고, '異'(다르다)는 '有'의 목적어다.

동사를 보어로 취하는 형용사가 있다. '難(어렵다), 易(쉽다)' 따위 형용사가 대표적이다.

5-6 諸佛甚難値, 億劫時一遇.(『妙法蓮華經』「序品」)

　　모든 부처님은 참으로 만나기 어려우니, 억겁 동안에 한 번쯤 만나느니라.

5-7 入菩薩乘求無上道, 何方便門得易成就?(『楞嚴經』권6)

　　보살승에 들어가서 위없는 도를 구하려 한다면, 어떤 방편의 문으로써 해야 성취하기가 쉬울 수 있겠느냐?

'難値'(만나기 어렵다)의 대상은 '諸佛'이다. '易成就'(성취하기 쉽다)의 대상은 앞 구절의 '無上道'다. 본디 '値'와 '成就'는 목적어를 필요로 하는 타동사인데, '難'이나 '易'와 만나면서 목적어가 주어의 위치로 옮겨 간 것으로 볼 수 있다. 그러면 위의 주어를 목적어 자리로 옮겨도 문제가 없는가? 문제가 없다. 그렇게 되면, 주어는 문맥으로 충분히 파악할 수 있는 주체여서 생략된 것으로 간주된다. 가령 5-6의 경우, "甚難値諸佛"(모든 부처님을 만나기란 참으로 어렵다)로 바꿀 수 있다. 이 경우에 주어는 당연히 불도 수행자나 불자가 될 것이다. 5-7의 경우도 마찬가지다.

> 5-8 法供養者, 諸佛所說深經. 一切世間難信難受, 微妙難見, 淸淨無染.(『維摩詰所說經』「法供養品」)
>
> 법공양이란 모든 부처님이 설하신 깊은 경전이다. (이 경전을) 일체 세간에서는 믿기 어렵고 받아들이기 어려우며, 미묘하여 보기 어렵고, 청정하여 물듦도 없다.
>
> 5-9 我意難可測, 亦無能問者.(『妙法蓮華經』「方便品」)
>
> 내 뜻은 헤아리기가 어려워서 물을 수 있는 자도 없다 하시네.

(2) 형용사의 위치

형용사나 형용사구는 기본적으로 중심어의 앞에 위치한다.

> 5-10 佛說如是甚深經典, 我從昔來所得慧眼, 未曾得聞如是之經.(『金剛經』)

부처님께서 이토록 매우 깊은 경전을 설하셨으나, 저
는 예로부터 얻은 혜안으로도 이와 같은 경전을 들어
본 적이 없습니다.

'如是甚深'은 중심어인 '經典'을 형용하는 구절로서 그 앞에 놓
여 있다. 이때 '如是'는 문장의 끄트머리에 나오는 '如是之經'의
'如是'와는 달리 '甚'을 수식하는 부사다. 이를테면, '如是'는 부사
'甚'을 수식하고, '甚'은 형용사 '深'을 수식하는 형태다. '從昔來所
得'도 형용사구로서 중심어인 '慧眼'의 앞에 놓여 있다. '如是之經'
은 명사구인데, 이 구절 안에서도 '經'을 형용하는 '如是'가 앞에
있다.

그런데 아래 예문에서 볼 수 있듯이 형용사구가 중심어 뒤에 놓
이는 경우도 있다.

5-11 諸有所作亦不唐捐(『維摩詰所說經』「佛國品」)
     지은 바 모든 일이 또한 헛되지 않아

여기서 '諸有'는 '諸行'(모든 행위)과 같은 뜻으로 쓰였다. 이 '諸
有'를 뒤에 놓인 '所作'이 형용하고 있다.[19] 이 표현을 '所作諸有'로
바꾸어 써도 아무런 문제가 없다.

---

19) '所'는 기본적으로 명사화하는 데 쓰이지만, 여기서는 그렇게 쓰이지 않았다.
    '所'의 명사화에 대해서는 2장 (5)에서 다루었다.

5-12 願隨其意所應受, 演說妙法除疑惑.(『華嚴經』「如來現相品」)

받아 마땅한 그 뜻을 따라서 오묘한 법을 설하시어 의혹을 없애 주소서.

'其意所應受'에서 중심어는 '其意'이며, '所應受'가 형용하는 구절로 뒤에 붙어 있다. 5-11에서 보았던 것과 다르지 않다. 이렇게 '所'가 중심어 뒤에 붙어서 형용하는 구절을 이끄는 표현은 불교한문에서 자주 볼 수 있다.

5-13 譬如三千大千世界所有地種, 假使有人磨以爲墨, 過於東方千國土乃下一點大如微塵(『妙法蓮華經』「化城喩品」)

비유컨대 삼천대천세계에 있는 모든 땅을 갈아서 먹으로 만들 사람이 있어 동방의 일천 국토를 지나가며 티끌만한 크기의 점을 하나 떨구고

먼저 '所有地種'에서 '所有'는 '地種'을 수식하는 형용사구로서 중심어 앞에 놓여 있다. '人磨以爲墨'에서는 '人'이 중심어이고, 중심어를 형용하는 구절 '磨以爲墨'은 뒤에 놓여 있다. 물론 '磨以爲墨'이 '人'을 수식하는 형태가 아니라고도 말할 수 있다. 그럴 경우에는 '有人磨以爲墨'은 "어떤 사람이 (그것을) 갈아서 먹으로 만들고는"으로 해석된다. 이 또한 문법적으로 잘못된 해석은 아니지만, 여기서는 취하지 않는다. '一點大如微塵'도 '大如微塵'이 앞의

'一點'을 형용하는 구절이다.

(3) 수사

수를 나타내는 수사(數詞)도 형용사로 볼 수 있다. 그런데 양을 표현하는 양사(量詞) 없이도 명사 또는 중심어 앞에 놓여 수식할 수 있다.

> 5-14 爾時釋提桓因與其眷屬二萬天子俱(『妙法蓮華經』「序品」)
> 그때 석제환인이 그의 권속 2만 천자와 함께했으며
> 5-15 寶積所將五百長者子皆得無生法忍, 八萬四千人皆發阿耨多羅三藐三菩提心.(『維摩詰所說經』「佛國品」)
> 보적이 이끄는 5백 장자의 아들들 모두 무생법인[20]을 얻었으며, 8만 4천의 사람들도 모두 아뇩다라삼먁삼 보리심을 일으켰다.

위에서는 수사들이 각각 '天子'와 '長者子'와 '人' 앞에 자리하고 있다. 양사 또한 수사가 있든 없든 명사를 직접 수식할 수 있다.

---

20) '무생법인(無生法忍)'은 '무생인(無生忍)'이라고도 한다. 존재하는 모든 것은 공이며, 그 자체의 고유한 성질을 갖고 있지 않아 생멸변화를 초월하고 있 다는 이치를 이른다.

5-16 如一恒河中所有沙有如是等恒河. 是諸恒河所有沙數佛
      世界, 如是寧爲多不?(『金剛經』)
      한 갠지스강에 있는 모래알만큼 그렇게 많은 갠지스강
      이 있다. 이 모든 갠지스강에 있는 모래알 수만큼 부처
      님 세계가 있다면, 이를 많다고 하겠느냐?

'一恒河中所有沙'에서 '一'은 '恒河'(갠지스강)를 수식한 것이다.
그런데 '恒河中所有沙' 또는 '恒河所有沙'는 줄여서 '恒河沙'라고
도 하며, 불교에서는 아주 큰 수를 이르는 용어로서 양사로 볼 수
있다. 따라서 '恒河所有沙數'에서 '恒河所有沙'는 아무런 수사가
없이 양사로서 명사 '數'를 수식하고 있는 셈이다.

5-17 恒河沙數無邊色相寶華樓閣, 百千億那由他數十寶蓮華
      城(『華嚴經』華藏世界品)
      갠지스강의 모래알 수만큼 가없는 색깔의 보배로운
      꽃 누각과 백천 억 나유타 수의 열 가지 보배로운 연
      꽃성과
5-18 如是等有世界海微塵數, 其香水河兩間之地, 一一悉具
      如是莊嚴.(『華嚴經』華藏世界品)
      이와 같은 것이 세계해의 티끌 수만큼 있어 그 향수하
      양쪽 사이의 땅이 모두 낱낱이 다 이와 같은 장엄을 갖
      추었느니라.

‘那由他’와 ‘微塵’은 ‘恒河沙’처럼 불교한문에서 특별히 쓰이고 또 자주 언급되는 양사다. ‘兩’도 자주 쓰이는 수사이며, ‘間’은 여기서 양사다.

수사는 또 술어로도 쓰인다.

5-19 年始二十五.(『妙法蓮華經』「從地踊出品」)
　　　나이 고작 스물다섯이다.

5-20 如是等三萬二千人.(『維摩詰所說經』「佛國品」)
　　　이와 같은 이들이 3만 2천명이었다.

5-21 鼻唯八百功德.(『楞嚴經』 권4)
　　　코는 오직 8백 공덕이다.

수사 자체만 술어로 쓰이는 경우는 드물고, 대체로 양사가 붙어서 술어 구실을 한다. 이는 양사가 본디 명사이기 때문이다. 그렇다면 양사를 동반하는 수사는 대체로 명사와 같은 구실을 한다고 보아도 무리가 없다.

5-22 三十七道品是菩薩淨土.(『維摩詰所說經』「佛國品」)
　　　서른일곱 가지 도품은 곧 보살의 정토다.

5-23 此之心體爲復兼二爲不兼二? 若兼二者, 物體雜亂.(『楞嚴經』 권1)
　　　이 마음 자체가 둘을 겸했다고 하겠느냐, 둘을 겸하지 않았다고 하겠느냐? 둘을 겸했다고 한다면, 대상과 감각기관이 뒤섞여 어지러워진 것이다.

　'三十七道品'(깨달음을 얻기 위한 서른일곱 가지 수행법)은 수사가 명사인 '道品'에 붙은 형태이며, 문장의 주어로 구실하고 있다. '兼二'에서는 수사 '二'가 아무런 양사도 없이 '兼'의 목적어로 쓰였다. 경전의 본문 안에서 '二'는 여섯 가지 감각 기관인 '육근(六根)'과 감각의 대상인 '육진(六塵) 또는 육경(六境)' 두 가지를 아울러 가리키는 말이다. 위의 예문에 앞서서 이미 거듭 거론된 까닭에 양사를 생략한 채 수사만 목적어로 쓴 것이다.
　아래 예문에서처럼 수사에 명사화하는 '者'가 붙어서 주어로 쓰이는 경우도 있다.

　5-24　菩薩有二相, 何謂爲二? 一者好於雜句文飾之事, 二者
　　　　不畏深義如實能入.(『維摩詰所說經』「囑累品」)
　　　　보살에게는 두 가지 모습이 있는데, 그 두 가지란 무엇
　　　　인가? 하나는 잡된 구절로 꾸미는 것을 좋아하는 일이
　　　　요, 다른 하나는 깊은 의미를 두려워하지 않고 여실하
　　　　게 파악하는 것이다.

　위의 예문에서 볼 수 있듯이 수사에 명사화하는 '者'가 붙어서 문장의 주어 구실을 하게 하는 경우도 많다. '一者'와 '二者'를 '一'과 '二'에 양사 '相'이 생략되면서 '者'가 붙은 것으로 볼 수도 있으나, 불교한문에서 줄곧 쓰이는 용례를 보면 양사가 생략된 것으로

보기보다는 수사 자체에 '者'를 붙여서 주어의 기능을 하게 했다고
보는 것이 타당하다.

'一者, 二者'와 더불어 '一名, 二名' 따위도 자주 쓰이는데, 의미
나 기능이 거의 같다고 할 수 있다.

> 5-25 是菩薩衆中有四導師, 一名上行, 二名無邊行, 三名淨
> 行, 四名安立行. (『妙法蓮華經』「從地踊出品」)
> 이 보살의 무리 가운데에 네 도사가 있으니, 첫째는 상
> 행이고, 둘째는 무변행이며, 셋째는 정행이고, 넷째는
> 안립행이다.

수사 뒤에 '導師'가 생략된 것으로 보고 '一名上行'을 "첫째 도
사는 상행을 이르고"라고 번역하거나 "첫째 도사의 이름은 상행이
고"라고 번역할 수도 있다. 그러나 '一名, 二名' 등이 관용적으로
쓰이는 것으로 보아 '一者, 二者'와 같은 표현으로 봄이 타당하다.

불교경전에서는 수사가 많이 쓰이는데, 반드시 정수(定數)가 아
닌 허수(虛數)로 보아야 할 것도 꽤 많다.

> 5-26 八萬四千諸法門, 諸佛以此度衆生. (『華嚴經』「賢首品」)
> 8만 4천의 온갖 법문으로써 모든 부처님은 중생을 제
> 도하신다.
> 5-27 供養無量百千諸佛 (『妙法蓮華經』「序品」)
> 한량없는 백천 부처님을 공양하여

'八萬四千'은 관용적으로 쓰는 표현이며, 정확하게 그 숫자를 나타내기보다는 '전부, 모든 것'이라는 뜻을 갖는다. '百千' 또한 마찬가지다. 이미 앞에 '無量'(셀 수 없다)이 나와 있으니, '百千'이 구체적인 수가 아님은 분명하다. 덧붙이자면, 5-26에서 '此'는 앞에 나온 '八萬四千諸法門'을 가리킨다.

수사는 가끔 동사로 쓰이기도 한다.

5-28 於我無我而不二, 是無我義.(『維摩詰所說經』「弟子品」)
      아와 무아에 있어서 둘이 아니라는 것, 이것이 무아의 뜻이다.

5-29 不分別衆生界, 不二衆生界(『華嚴經』「十行品」)
      중생계를 분별하지도 않고 중생계를 둘로 하지도 않으며

위 예문에서는 동사를 부정하는 부정사 '不'이 붙은 것을 통해 수사가 동사로 쓰였음을 확인할 수 있다.

제6장 부사

(1) 부사의 기능

부사는 동사나 형용사, 다른 부사를 수식하며, 때로 문장 전체를 수식하기도 한다. 부사는 수식 대상의 의미나 적용 범위를 한정하는 구실을 한다. 부사의 수식을 가장 많이 받는 것은 동사다.

6-1 深入緣起, 斷諸邪見(『維摩詰所說經』「佛國品」)
　　연기의 이치를 깊이 깨달아 온갖 삿된 견해를 끊었으므로

'深'은 본디 '깊다'는 뜻의 형용사였으나, 여기서는 '入'(들다, 깨닫다)을 수식하는 부사로 쓰여 깨달음의 정도를 나타내고 있다.
　불교경전에서는 두 글자가 합쳐서 하나의 부사로 쓰이면서 동사를 수식하는 경우도 많다.

6-2 是諸大衆得未曾有, 歡喜合掌, 一心觀佛.(『妙法蓮華經』「序品」)
　　이 모든 대중은 일찍이 없었던 일이라 여겨 아주 기쁘

게 합장하며 한마음으로 부처님을 뵈었다.

'歡喜'는 '기쁘다'는 뜻을 가진 두 글자 '歡'과 '喜'가 합쳐서 하나의 어휘처럼 쓰인 것으로, 위에서는 동사인 '合掌'을 수식하는 부사로 구실하고 있다. '一心'도 마찬가지로 '한마음으로, 오롯이'를 뜻하는 부사로 쓰여 술어인 '觀佛'을 수식하고 있다.

부사는 형용사를 수식하기도 한다. 대체로 정도를 나타내는 부사 '最'(가장), '極'(극히), '甚'(매우, 아주) 따위와 부정을 나타내는 부사 '不'이 그렇게 쓰인다.

6-3 我等亦皆得最妙第一法(『妙法蓮華經』「方便品」)
　　　 우리 또한 모두 가장 오묘한 법을 얻었으되
6-4 如來方便大慈海, 往劫修行極淸淨(『華嚴經』「世主妙嚴品」)
　　　 여래의 방편인 아주 자비로운 바다는 옛날의 수행으로 지극히 청정해
6-5 如來法身甚廣大, 十方邊際不可得(『華嚴經』「世主妙嚴品」)
　　　 여래의 법신은 아주 넓고 커서 시방에서 그 끝을 찾을 수 없고

위 첫째 예문에서 형용사 '妙'(오묘하다, 미묘하다)를 수식하는 '最'는 불교경전에서 형용사를 수식하는 데 가장 널리 쓰이는 부사다. 둘째 예문의 '極'은 '淸淨'(맑고 깨끗하다)을 수식하고, 셋째 예문의 '甚'은 '廣大'(넓고 크다)를 수식하고 있다. 또 둘째 예문에서 '慈'(자

비, 자비롭다)를 명사로 본다면, 앞에 놓인 '大'는 '크다'는 뜻의 형용사가 된다.[21] 그러나 '慈'를 형용사로 본다면, '大'는 부사로서 수식하는 셈이 된다. 여기서는 이렇게 보고 해석했다.

또 아래와 같이 형용사를 수식하는 부사가 뒤에 놓이는 경우도 있다.

6-6 我所得智慧微妙最第一(『妙法蓮華經』「方便品」)
　　 내가 얻은 지혜는 가장 으뜸으로 미묘하거늘

'最'(가장)와 '第一'(첫째로, 으뜸으로)은 둘 다 비슷한 뜻을 가진 부사인데, 형용사인 '微妙' 뒤에 놓였다. '最'와 '第一'이 동시에 '微妙'를 수식하는 것으로 볼 수도 있고, '最'의 수식을 받는 '第一'이 '微妙'를 수식하는 것으로도 볼 수 있다. 후자의 경우로 보면, '最第一'은 부사가 부사를 수식한 형태가 된다.

6-7 不著世間如蓮華, 常善入於空寂行.(『維摩詰所說經』「佛國品」)
　　 연꽃처럼 세간에 집착하지 않고 늘 공적행에 잘 드시네.[22]

---

21) 이렇게 볼 경우 '大慈海'는 '크나큰 자비의 바다' 쯤으로 해석된다.
22) '공적(空寂)'은 일체의 사상(事象)은 인연에 말미암아 생겨난 것이어서 고정된 실체가 없고(空), 따라서 분별이나 집착을 초월한 고요하고 청정한 상태(寂) 야말로 그 본성이요 실상이라는 것이다. 또는 이러한 이치를 깨닫고 번뇌나 미혹을 모조리 떨어낸 경지 또는 열반의 경계도 '공적'이라 한다. 이러한 공

여기에서 '善'(잘)은 동사 '入'(들다)을 수식하는 부사인데, 부사로서 앞의 부사 '常'(늘, 항상)의 수식을 받고 있다.[23] '常善入於空寂行'을 "항상 공적을 행하시네"라고 번역하는 경우가 많은데, 딱히 틀렸다고 할 수는 없으나 어색하다. 이는 원문이 주는 말맛이나 분위기와 어우러지지 않기 때문이리라. 즉, 원문에서는 움직임이 적은 편인데, "공적을 행한다"는 표현은 동작이나 행위가 크게 이루어짐을 드러내기 때문이다. 비록 불교에서는 언어나 문자를 하나의 방편으로 여기지만, 그럼에도 문법을 도외시해서는 곤란하다. 그랬다가는 자칫 경전의 내용에 담긴 미묘한 뜻, 오묘한 말맛을 놓치기 십상이기 때문이다.

> 6-8 是文殊師利法王之子, 已曾親近供養過去無量諸佛, 必
> 應見此希有之相(『妙法蓮華經』「序品」)
> 이 법왕의 아들 문수사리는 이미 과거의 한량없는 모든
> 부처님을 가까이에서 공양하신 적이 있어서 반드시 이
> 희유한 모습을 보셨을 것이니

위의 예문에는 흥미로운 부사가 여럿 있는데, 찬찬히 살펴볼 필요가 있다. 먼저 '已曾'은 불교한문에서 관용적으로 쓰이는 표현

적을 추구하는 것을 '공적행(空寂行)'이라 한다.

23) 또는 '常'이 뒤의 구절 전체 즉 '善入於空寂行'을 수식하는 것으로 볼 수도 있다. 따라서 "늘 공적행에 잘 드신다"라고 번역할 수 있다. 이 경우에는 어떻게 해석하더라도 어색하지 않을 뿐만 아니라 문법에도 어긋나지 않는다.

으로,[24) 본래 '已'(이미)와 '曾'(일찍이) 둘 다 부사다. 그래서 두 개의 부사가 합쳐서 하나의 부사가 된 글자로 간주될 수 있는데, 문법적으로 보자면 그렇지 않다. '已'는 뒤의 문장 전체를 수식하는 부사로 쓰였고, '曾'은 과거 시제, 특히 과거의 경험을 나타내는 글자여서 뒤의 동사 '供養'과 긴밀하게 연결되어 있다.[25) 비록 '供養'을 수식하는 부사어 '親近'이 둘 사이에 끼어 있기는 하지만, 그렇다고 '曾'의 쓰임이 달라지는 것은 아니다. 따라서 '已曾'을 하나의 부사어로 보고서 뒤에 나오는 부사 '親近'을 수식한다고 보는 것은 문법적으로 타당하지 않다. '親近'은 본래 동사 '近'을 부사 '親'이 수식하는 형태로서 '가깝게 다가가다, 몸소 다가가다'라는 뜻이었지만 하나의 관용구처럼 쓰이게 되었다. 여기서는 '供養'을 수식하는 부사로 쓰였다.

'必應'도 '已曾'처럼 오해하기 쉽다. 부사 '必'이 부사 '應'을 수식하는 것처럼 보이기 때문이다. 실제로 그런 경우도 많다. 그러나 위에서 '應'은 동사 '見'을 수식하지만, '必'은 문장 전체를 수식하는 부사로 쓰였다. 앞서 6-2에 나온 '一心觀佛'(한마음으로 부처님을 뵈었다)의 경우에도 '一心'은 나머지 문장 곧 '觀佛' 전체를 수식하는 부사로 쓰였다. 이처럼 부사는 뒤에 이어지는 문장 전체를 수식하기도 한다.

6-9 今從世尊聞此法音, 心懷勇躍得未曾有.(『妙法蓮華經』「譬

---

24) 예문 4-56, 10-31, 11-42 등에서도 쓰였다.
25) '曾'이 과거 시제를 나타내는 데 대해서는 11장 (2)에서 다루었다.

喩品」)

이제 세존께 이 법음을 듣고서 마음은 기뻐 날뛰고 미증유를 얻었습니다.

'今'은 시간을 나타내는 부사로서, '從世尊'에서 '未曾有'까지 전체 문장을 수식하고 있다.

6-10   普使衆生生淨信(『華嚴經』「世主妙嚴品」)
    널리 중생이 깨끗한 믿음을 내게 하시니

'널리, 두루'를 뜻하는 '普' 또한 문장 전체를 수식하는 부사로 자주 쓰인다. 이렇게 문장 전체를 수식하는 부사는 대체로 문장 맨 앞에 오지만, 아래 예문처럼 주어 다음에 놓이는 경우도 많다.

6-11   汝今欲知因界淺深(『楞嚴經』 권10)
    네가 이제 인계[26]의 얕고 깊음을 알고자 한다면

(2) 부사로 쓰이는 형용사와 동사

형용사가 동사 앞에 놓이면 부사 구실을 한다.

---

26) '인계(因界)'는 오음(五陰)을 달리 일컫는 말이다. 오음은 곧 오온(五蘊)이다.

6-12 樂供養衆, 樂離五欲(『維摩詰所說經』「菩薩品」)

　　대중을 즐거이 공양하고, 오욕에서 즐거이 벗어나고

6-13 亦大饒益一切衆生.(『維摩詰所說經』「菩薩品」)

　　또한 일체 중생을 크게 이롭게 해 준다.

　'樂'은 본래 '즐겁다'라는 뜻의 형용사지만, 동사인 '供養, 離' 앞에 놓여 부사로 쓰였다. 물론 첫째 예문을 "대중을 공양하는 일을 즐거워하고, 오욕에서 벗어남을 즐거워하고"로 해석하여 '樂'을 목적어를 받는 동사로 볼 수도 있다. 그러나 문법적으로는 '樂'을 부사로 보는 것이 타당하다. 둘째 예문의 '大' 또한 동사인 '饒益'(자비로운 마음으로 남에게 또는 중생에게 이로움을 주다)을 수식하는 부사로 쓰였다. '饒益'은 부사 '饒'(넉넉하게, 많이)가 동사 '益'(이롭게 하다)을 수식하는 형태지만, 불교경전에서는 동사로서 관용적으로 쓰인다.

6-14 卽於一切菩薩, 深起敬心(『維摩詰所說經』「弟子品」)

　　곧바로 모든 보살에 대해 공경하는 마음을 깊이 일으켜

　형용사 '深'(깊다)이 동사 '起' 앞에 놓여 '깊이, 매우'를 뜻하는 부사로 쓰였다. 또 동사가 부사로 쓰이는 경우도 있다.

6-15 皆是阿羅漢, 諸漏已盡, 無復煩惱, 逮得己利, 盡諸有

結, 心得自在(『妙法蓮華經』「序品」)

(비구들) 모두 아라한이어서 모든 번뇌 이미 다해 번뇌
가 다시는 없으며 자리(自利)를 얻음에 이르러 온갖 속
박을 다 끊고 마음에 자재함을 얻었으니

6-16 悉已淸淨, 永離蓋纏(『維摩詰所說經』「序品」)

(몸과 마음) 모두 이미(아주) 청정하여 속박을 길이길
이 벗어나서

'已'는 '그치다, 끝나다'는 뜻의 동사지만, 위에서처럼 동사
'盡'(다하다, 끝나다, 다 없어지다)을 수식하거나 형용사 '淸淨'을 수식
하는 부사로 쓰이기도 한다. 부사로 쓰일 때는 '이미'라는 뜻을 갖
는데, 형용사 앞에 놓일 경우에는 '매우, 아주' 따위의 뜻을 갖기도
한다. 위 둘째 예문에서 그렇게 썼다. 첫째 예문의 '復'는 '다시'
를 뜻하는 부사로 쓰여 앞의 동사 '無'를 수식하는데, 동사로 쓰이
면 '되풀이하다'라는 뜻을 갖는다.

6-17 何況有人盡能受持讀誦?(『金剛經』)

하물며 이 경을 오롯이 수지하고 독송할 수 있는 사람
에게는 어떠하겠느냐?

6-18 諸有衆生類, 形聲及威儀, 無畏力菩薩, 一時能盡
現.(『維摩詰所說經』「佛道品」)

모든 중생 무리의 꼴과 소리와 위의를 두려움 없는 보
살은 한꺼번에 남김없이 다 드러낼 수 있도다.

불교경전에서 '盡'도 곧잘 부사로 쓰인다. 위에서 '盡'은 '죄다, 모조리, 남김없이, 오롯이' 따위의 의미를 갖는 부사로서 뒤에 오는 동사 '受持讀誦'과 '現'을 각각 수식하고 있다.

(3) 수를 나타내는 부사

수를 나타내는 수사는 기본적으로 명사지만, 부사로 쓰이기도 한다.

6-19 諸佛甚難値, 億劫時一遇.(『妙法蓮華經』「序品」)
      모든 부처님은 참으로 만나기 어려우니, 억겁 동안에
      한 번쯤 만나느니라.
6-20 設著不淨破弊衣服, 一行一住悉同淸淨(『楞嚴經』권7)
      설령 깨끗하지 않고 헤진 옷을 입더라도 한 번 가고 한
      번 머무는 일이 모두 청정할 것이며

'一'이 각각 '遇'와 '行'과 '住'를 수식하는 부사로 쓰였다. '一行一住'는 '부사+동사'의 형태이지만, 문장 안에서는 명사화되어 주어로 쓰였다. 또 위에서 '悉'(다, 모두)은 수사는 아니지만, 어떤 수 전체를 나타내는 부사다.
불교경전에서는 수나 양에서 갑절을 뜻하는 '倍'도 부사로 자주 쓰인다.

6-21 譬如眞金, 以衆妙寶, 間錯莊嚴, 轉更增勝, 倍益光明
(『華嚴經』「十地品」)

비유하자면 진짜 금도 온갖 오묘한 보배로 그 사이사
이에 섞어 장엄하게 하면 더욱더 훌륭해지고 광명도
갑절로 늘어서

6-22 比丘比丘尼, 其數如恒沙, 倍復加精進, 以求無上
道.(『妙法蓮華經』「序品」)

갠지스 강의 모래알 수만큼 많은 비구와 비구니는 다
시 갑절로 정진을 더해서 위없는 도를 구하느니라.

위에서 '倍'와 함께 쓰인 '復' 또한 '다시, 두 번 다시'를 뜻하는
글자이며, 부사로 자주 쓰인다. 아래 예문을 보라.

6-23 深入緣起, 斷諸邪見, 有無二邊, 無復餘習(『維摩詰所說
經』「弟子品」)

연기의 이치를 깊이 깨달아 모든 삿된 견해를 끊어버
렸으므로 유와 무의 두 극단적 견해가 다시는 남는 일
이 없으며

비슷한 행동을 한 번 더 하거나 비슷한 현상이 거듭 나타날 때
쓰는 부사로 '또, 다시'를 뜻하는 '亦'과 '又'가 있다.

6-24 其人不復志求餘經, 亦未曾念外道典籍(『妙法蓮華經』「譬

喩品」)

그 사람이 다시는 다른 경전을 구할 뜻을 갖지 않고 또 아직까지 외도의 전적을 생각한 적이 없으면

6-25　如來說一切諸相卽是非相, 又說一切衆生則非衆生.(『金剛經』)

여래는 일체의 상은 곧 상이 아니라고 설했으며, 또 일체 중생은 곧 중생이 아니라고도 설했다.

위 첫째 예문에서 '亦'은 이어지는 문장 전체를 수식하는 것으로, 그 수식 내용이 앞서 나온 행위와 비슷한 것임을 나타낸다. 둘째 예문의 '又' 또한 마찬가지다. 이로써 보면, 둘 다 비슷한 내용을 나열하는 데 쓰인 셈이다.

'亦'이나 '又'에 '不'이 이어진 '亦不'이나 '又不'의 부정 표현도 있다. 특히 '亦不'은 불교경전에서 매우 자주 쓰이는데, '역시 ~도 하지 않는다'로 해석되며 부정을 강조하는 말맛이 있다.

6-26　心不住內, 亦不在外, 是爲宴坐.(『維摩詰所說經』「弟子品」)

마음이 안에 머물지 않고 또한 밖에 있지도 않는 것(밖을 향하지 않는 것), 이것이 좌선이다.

6-27　衆生沒在其中, 歡喜遊戲, 不覺不知, 不驚不怖, 亦不生厭不求解脫, 於此三界火宅東西馳走, 雖遭大苦, 不以爲患.(『妙法蓮華經』「譬喩品」)

중생들은 그 속에 푹 빠져서 기쁘게 노느라 깨닫지도

못하고 알지도 못하며 놀라지도 않고 두려워하지도 않으며 역시 싫증을 내지도 않고 해탈을 구하지도 않으니, 불타는 집과 같은 이 삼계에서 동쪽으로 서쪽으로 마구 내달릴 뿐, 커다란 고통을 만나더라도 걱정하지 않느니라.

비록 '亦不'이 관용적인 표현처럼 쓰이고는 있지만, '亦'의 기능은 이어지는 문장 전체를 수식하는 것이라 할 수 있다. 위 첫째 예문에서는 '不在外'를 수식하고, 둘째 예문에서는 '不生厭不求解脫'을 수식하고 있다. 아래 예문을 보면 그런 쓰임이 한층 분명하게 드러난다.

6-28 心亦不在內, 不在外, 不在中間.(『維摩詰所說經』「弟子品」)
마음은 역시 안에 있지도 않고 밖에 있지도 않으며 중간에 있지도 않다.

(4) 정도를 나타내는 부사

정도를 나타내는 부사인 '甚, 最, 極, 殊, 大' 따위는 형용사를 수식하는 경우가 많다.

6-29 入法界藏, 智無差別, 證佛解脫, 甚深廣大(『華嚴經』「世
主妙嚴品」)

법계장에 들어가서는 지혜에 차별이 없어져 부처님의
매우 깊고도 광대한 해탈을 증득하고

6-30 是人得八百功德殊勝眼(『妙法蓮華經』「法師功德品」)

이 사람은 팔백 공덕의 아주 빼어난 눈을 얻어

'甚'은 형용사인 '深'과 '廣大'를 아울러 수식하고 있으며, '殊'는
'勝'(빼어나다)을 수식하고 있다.

'最'와 '極'은 그 정도가 가장 높아서 '가장, 으뜸으로, 지극히' 따
위의 뜻으로 쓰인다.

6-31 世間所有種種樂, 聖寂滅樂爲最勝(『華嚴經』「世主妙嚴品」)

세간에 있는 갖가지 즐거움 가운데서 거룩한 적멸의
즐거움이 가장 빼어나서

6-32 或以二禪心無苦故, 或以三禪極悅隨故(『楞嚴經』권10)

혹은 이선천으로써 (그렇게 여기니) 마음에 괴로움이
없는 탓이며, 혹은 삼선천으로써 (그렇게 여기니) 지
극히 기뻐하며 따른 탓이며[27]

---

27) 색계(色界)의 네 가지 선정(禪定) 즉 초선(初禪)·이선(二禪)·삼선(三禪)·사선
(四禪) 각각에 의해 도달한 세계를 사선천(四禪天)이라 한다. 초선은 욕망에
서 벗어남으로써 얻는 기쁨, 이선은 선정에서 일어난 기쁨, 삼선은 일반적인
기쁨을 초월한 참된 기쁨, 사선은 고락(苦樂)을 초월한 경지를 이른다.

위에서 '最'는 '勝'(빼어나다, 훌륭하다)을, '極'은 '悅'(기뻐하다)을 수식하면서 수식 대상을 최상의 상태로 높이고 있다. 또 이런 부사는 '爲'와 같은 동사를 수식하기도 한다.

6-33 今現在其國, 香氣比於十方諸佛世界人天之香, 最爲第一.(『維摩詰所說經』「香積佛品」)

이제 그 나라에 계시되, 그 향기는 시방의 모든 부처님 세계에 사는 인간과 천신들의 향기에 견주어 가장 으뜸이라.

6-34 我所說經典無量千萬億, 已說今說當說, 而於其中, 此法華經, 最爲難信難解.(『妙法蓮華經』「法師品」)

내가 설한 경전이 천만 억 한량없는데, 이미 설한 것과 이제 설하는 것, 앞으로 설할 것 그 가운데서 이 법화경이 가장 믿기 어렵고 이해하기 어려우니라.

6-35 甚爲至德, 十方世界最無倫匹.(『無量壽經』卷下)

참으로 지극한 덕을 이루어 시방세계에서 짝할 이가 전혀 없다.

'甚'은 본래 정도가 심한 것을 나타내는 부사인데, 위 셋째 예문에서는 '爲至德'(지극한 덕을 이룸)을 수식하여 참으로 대단하다, 경이롭다는 뜻을 나타내고 있다. 또 '最無'는 정도를 나타내는 부사가 부정을 나타내는 부사를 수식한 것인데, 이런 표현도 불교경전에서는 종종 보인다.

(5) 묘사를 위한 부사

일반적인 한문에서는 '然'이 붙어 부사로 쓰이는 표현들이 적지 않다. 불교경전에서도 이렇게 쓰이는 것을 볼 수 있다.

6-36 時我世尊, 聞此語, 茫然不識是何言(『維摩詰所說經』「弟子品」)

세존이시여, 그때 저는 이 말을 듣고 멍하니 무슨 말인지 알지도 못하고

6-37 時四部衆咸皆歡喜, 身意快然得未曾有.(『妙法蓮華經』「序品」)

그때 사부대중이 모두 다 기뻐하더니 몸과 뜻이 시원하게 미증유를 얻었습니다.

'茫然'과 '快然' 모두 형용사로 쓰이기도 한다. 가령, '身意快然'을 "몸과 뜻이 쾌락하니"라고 하든지 "몸과 마음이 아주 상쾌하고"라고 해석해서 '快然'을 형용사로 볼 수도 있다.(실제로 이렇게 해석하는 경우가 적지 않다.) 그러나 이는 문법적으로 잘못된 해석일 뿐만 아니라 문장의 본의에도 어긋난다. 위 예문은 몸과 뜻이 상쾌해진 뒤에 미증유를 얻었다는 내용이 아니라 미증유를 얻을 때 몸과 뜻의 상태가 탁 트이듯 시원했다는 내용이기 때문이다. 따라서 '快然'을 '得未曾有'를 수식하는 부사로 보고 해석해야 본래 표현의 사실성과 생동감을 모두 살려낼 수 있다. 이런 부사는 행위의 상태

나 동작의 방식을 묘사해 준다.

6-38 如來音聲無限礙, 堪受化者靡不聞, 而佛寂然恒不動
(『華嚴經』「世主妙嚴品」)
여래의 음성은 아무런 걸림이 없어 교화를 기꺼이 받
는 이는 듣지 않음이 없건만 부처님은 고요히 늘 움직
이지 않으시니

6-39 誠如法王所說覺緣, 遍十方界, 湛然常住, 性非生
滅.(『楞嚴經』권2)
진실로 법왕께서 설하신 깨달음과 만법은 시방 세계에
두루 퍼져 늘 깊고 고요하게 존재하며 그 성품은 생멸
하지 않습니다.

위에서 '寂然'과 '湛然'은 뒤에 오는 부사 '恒'(늘, 언제나)과
'常'(늘, 항상)을 수식하는 듯이 보이지만, 실제로는 동사 '不動'과
'住'를 각각 수식하고 있다. 문법적으로든 의미상으로든 '恒'과 '常'
이 각각 '寂然'과 '湛然'을 수식한다고 보는 것이 알맞다. 말하자
면, 부사들을 도치시킨 것으로 볼 수 있는데, 이런 식으로 표현하
는 일이 불교경전에서는 흔하다는 사실을 간과해서는 안 된다.
이 밖에도 불교경전에서는 '忽然'(갑자기, 문득), '自然'(저절로),
'黙然'(말없이, 고요히), '豁然'(환하게, 탁 트여), '坦然'(평평하게) 따위
많은 부사가 관용적으로 쓰이고 있다.

제7장 부정사

술어를 부정함으로써 문장을 부정문으로 만드는 구실을 하는 것이 부정사다. 이런 부정사로 쓰이는 글자로는, '不, 否, 弗, 非, 毋, 無, 无, 勿, 亡, 莫, 未' 등이 있다. 그런데 불교경전에서는 '否, 弗, 毋, 无, 亡' 등이 거의 쓰이지 않는다. 따라서 여기서는 주로 쓰이는 부정사를 중심으로 그 기능을 살펴본다.

(1) 不

'不'은 가장 일반적인 부정사이며, 거의 모든 동사와 형용사를 부정한다. 먼저 동사를 부정하는 경우를 보자.

7-1 衆人不請, 友而安之(『維摩詰所說經』「佛國品」)
　　 사람들이 청하지 않아도 벗이 되어 그들을 편안하게 해주고
7-2 所謂不住色布施, 不住聲香味觸法布施.(『金剛經』)
　　 이른바 색에 머물지 않고 보시하고, 성·향·미·촉·법에 머물지 않고 보시한다는 것이다.

기본적으로 부정사는 부정의 대상 앞에 놓는다. 그런데 아래와 같이 부정의 대상이 멀찌감치 떨어져 있는 경우도 드물지 않게 보인다.

7-3 如是等而爲上首, 其數無量, 莫不皆以寂靜之法而爲宮殿, 安住其中.(『華嚴經』「世主妙嚴品」)
　　이와 같은 이들은 상수가 되어 그 수가 한량이 없었는데, 모두 적정의 법으로써 궁전을 삼아 그 안에 편안히 머무르지 않음이 없었다.

이중부정인 '莫不'의 대상은 무엇인가? 동사 '爲'와 '住'가 뒤에 나오지만, '住'로 보는 것이 타당하다. '爲'는 앞의 '以寂靜之法'을 받기 때문이다. 즉, '皆以寂靜之法而爲宮殿'이 '莫不' 뒤에 놓여 있지만, "모두 적정의 법으로써 궁전을 삼아" 또는 "모두 적정의 법을 궁전으로 삼아"라고 먼저 해석하는 것이 마땅하며, 그런 뒤에 '莫不'을 '安住其中'과 연결시켜 번역한다. 이 구절은 본래 '皆以寂靜之法爲宮殿, 而莫不安住其中'이었다고 할 수 있는데, '莫不'을 '皆' 앞에 두면서 '而'를 더 보탠 도치문이 된 셈이다. 이는 '莫不' 이하의 문장을 강조하거나 강하게 긍정하기 위해서라고 말할 수 있다.

아래 예문에서는 형용사를 부정하고 있다.

7-4　如其成壞各不同(『華嚴經』「世主妙嚴品」)

그 이루어짐과 무너짐이 각각 같지 않으니

7-5 汝等當信佛之所說, 言不虛妄.(『妙法蓮華經』「方便品」)

너희는 마땅히 부처가 설하는 바를 믿어야 할지니, 그 말은 허망하지 않느니라.

'不'은 본래 명사를 부정할 수 없다. 그런데 불교경전에서는 명사를 부정하는 데 쓰이기도 한다. 즉, 명사를 부정하는 '非'(~이 아니다)처럼 쓰인다는 말이다.

7-6 不一相不異相, 不自相不他相, 非無相非取相(『維摩詰所說經』「見阿閦佛品」)

한 모습도 아니고 다른 모습도 아니며, 자기의 모습도 아니고 남의 모습도 아니며, 모습이 없음도 아니고 모습을 취함도 아니며

7-7 劫濁亂時, 衆生垢重, 慳貪嫉妒, 成就諸不善根故(『妙法蓮華經』「方便品」)

겁탁의 어지러운 때에 중생의 번뇌 무거워서 아끼고 탐하고 시샘하고 강짜하며 여러 가지 선근 아닌 것을 이루므로

위에서 '不'은 모두 뒤의 명사를 부정하는 것이어서 '非'로 바꾸어도 아무런 문제가 없다. 실제로 위 첫째 예문에서는 '非'가 '不'과 나란히 쓰이고 있다. 이렇게 불교경전에서는 '不'이 '非'처럼 쓰이

는 경우가 많은데, 이를 모르거나 간과하면 위의 '諸不善根' 같은 구절을 "여러 가지 좋지 않은 근성" 또는 "여러 가지 나쁜 근성"으로 번역하여 '不'이 '善'(좋다)을 부정하는 것으로 여길 수 있다. 이는 착각이다. 이 '不'은 '非'처럼 쓰여 '善根'을 부정한 것이다.

불교경전에서 '不'은 반복 의문문의 형태로 또는 질문에 대한 대답으로 쓰이기도 한다.

7-8 "東方虛空可思量不?" "不也, 世尊!"(『金剛經』)
　　　"동쪽의 허공을 생각으로 헤아릴 수 있겠느냐, 없겠느냐?" "없습니다, 세존이시여!"

'可思量不?'은 본래 '可思量? 不可思量?'이다. '不可思量'을 줄여서 '不'이라고만 했는데, 이는 반복 의문문의 형태다. 따라서 대답으로 표현된 '不也'도 '不可思量也'의 생략된 형태로 볼 수 있다.

7-9 "可以身相見如來不?" "不也, 世尊! 不可以身相得見如來."(『金剛經』)
　　　"몸의 형상으로 여래를 볼 수 있겠느냐, 없겠느냐?" "없습니다, 세존이시여! 몸의 형상으로 여래를 볼 수는 없습니다."

여기서 앞의 두 '不'은 '不見如來'가 생략된 표현이다. 대답에 나오는 '不可以身相得見如來'는 '不也'의 의미를 강조하거나 확인하기 위해 덧붙인 말이다.

불교경전에서 관용적으로 쓰이는 표현에 '不思議' 또는 '不可思議'가 있다. '不思議'는 '不可思議'가 생략된 형태로, 본래는 '생각이나 상상으로 헤아릴 수도 없고 언어로 표현할 수도 없다'는 뜻이다. 즉, 사람의 인식이나 이해, 언어 표현을 초월하는 것을 이르기 위한 표현이다. 그런데 문맥에 따라 술어로 쓰이기도 하고 수식어로 쓰이기도 한다. 7-8에 나온 '不可量' 또는 '不可思量'도 이와 비슷한 표현이다.

> 7-10 如來功德不思議, 衆生見者煩惱滅(『華嚴經』「世主妙嚴
>   品」)
>   여래의 공덕은 불가사의하여 중생 가운데 그것을 본
>   자는 번뇌가 사라져
> 7-11 獲神通力, 隨如來住, 入不思議解脫境界(『華嚴經』「世主
>   妙嚴品」)
>   신통력을 얻어 여래를 좇아 살면서 불가사의한 해탈의
>   경계에 들어갔으니

'如來功德不思議'에서 '不思議'는 술어지만, 동사로 해석해서는 안 된다. 주어인 '如來功德'은 행위의 주체가 될 수 없기 때문이다. 그렇다면, '不思議'는 품사가 어떻게 되는가? 여기서는 형용사가 된다. 즉, '如來功德'을 형용하는 표현으로 쓰인 것이다. 그리하여 "여래의 공덕은 불가사의하다"로 해석된다. 그러한 까닭에

'不思議解脫'에서처럼 명사인 '解脫'을 수식할 수도 있는 것이다.

(2) 非

'非'(~이 아니다)는 '是'(~이다)와 상대되는 글자로서, 뒤에 놓인 명사를 부정한다.[28]

7-12 是我等咎, 非世尊也.(『妙法蓮華經』「譬喩品」)
　　　이는 저희의 허물이지 세존의 허물은 아닙니다.
7-13 是盲者過, 非日月咎.(『維摩詰所說經』「佛國品」)
　　　이는 장님의 잘못이지 해와 달의 허물은 아닙니다.

위 예문에서 주어로 쓰인 '是'는 '이는 ~이다'라는 의미로 해석될 수 있어서 마치 지시 대명사이면서 '~이다'라는 동사의 문법적 기능까지 아울러 하는 것처럼 보인다. 아마 그 때문에 뒤에 대구처럼 쓰인 '非'가 '~이 아니다'라는 뜻의 부정사로 쓰이는지도 모르겠다.

7-14 是法非思量分別之所能解.(『妙法蓮華經』「方便品」)
　　　이 법은 사량과 분별로 이해할 수 있는 것이 아니니라.

---

28) '是'가 동사로 쓰이는 것에 대해서는 4장 (7)에서 다루었다.

7-15 若取非法相, 卽著我人衆生壽者. 是故不應取法, 不應
取非法.(『金剛經』)

만약 법이 아니라는 상을 취해도 곧 아상·인상·중생
상·수자상에 집착하게 된다. 이런 까닭에 법을 취해서
는 안 되고 법이 아님도 취해서는 안 된다.

'非'를 단독으로 쓰면 '~이 아니다'라는 단정의 뜻이 강하다. 그
런데 '非' 앞에 미래를 나타내는 '將'이 오면, '혹시 ~이 아닐까'
라는 완곡한 판단의 뜻을 갖는다.[29] '將非'가 쓰일 때는 문장 끝에
'耶, 乎, 也' 따위의 조사가 쓰이는 경우도 많다. 아래 예문들을 보
라.

7-16 將非魔作佛, 惱亂我心耶?(『妙法蓮華經』「譬喩品」)

혹시 마구니가 부처가 되어서 내 마음을 괴롭히고 어
지럽히는 것이 아닌가?

7-17 此將非魔, 魔所使耶? 將非是魔險惡徒黨, 詐現菩薩善
知識相, 而欲爲我, 作善根難, 作壽命難, 障我修行一切
智道, 牽我令入諸惡道中, 欲障我法門, 障我佛法?(『華
嚴經』「入法界品」)

이는 혹시 마구니거나 마구니가 시킨 것이 아닌가? 이
마구니의 험악한 무리가 거짓으로 보살 선지식의 모습

---

29) '將'이 미래 시제를 나타내는 것에 대해서는 11장 (2)에서 다루었다.

을 드러내어 나를 위하는 척하며 (내가) 선근 짓는 일
을 어렵게 하고 수명을 누리는 것을 어렵게 만들고는
모든 것을 완전하게 아는 지혜를 닦고 행하려는 나의
길을 가로막고 나를 이끌어 저 악도 속으로 들어가게
하며 나의 법문을 가로막아 나의 불법을 막으려는 것
이 아닌가?

위에서 볼 수 있듯이 '將非'는 바로 뒤에 나오는 명사에만 걸리
는 것이 아니라 나머지 문장 전체에 걸쳐서 완곡한 부정의 추측을
한다는 사실을 알 수 있다. '將非'와 더불어 '將無, 將不'도 비슷한
용법으로 쓰인다.

7-18 維摩詰將無惱我?(『維摩詰所說經』「菩薩品」)
유마힐이 혹 나를 괴롭히지 않을까?

(3) 無

'無'(없다)는 '有'의 부정인데, 불교경전에서는 '無有'의 형태로도
널리 쓰이고 있다. 이때 부정의 대상은 명사다.[30]

---

30) '無'와 '有'의 동사적 기능에 대해서는 4장 (5)에서 다루었다.

7-19 法無衆生, 離衆生垢故; 法無有我, 離我垢故; 法無壽命, 離生死故; 法無有人, 前後際斷故.(『妙法蓮華經』「弟子品」)

법에는 중생이 없으니 중생의 때(번뇌)를 떠났기 때문이며, 법에는 나라는 것이 없으니 나라는 때를 떠났기 때문이며, 법에는 수명이 없으니 생사를 떠났기 때문이며, 법에는 사람이라는 게 없으니 전생과 내생이 끊어졌기 때문입니다.[31]

7-20 是時衆中, 無有一人若身若心而生懈惓.(『妙法蓮華經』「序品」)

이때 대중 가운데는 몸으로나 마음으로나 게으름을 내는 사람이 하나도 없었더니라.

7-21 無有定法名阿耨多羅三藐三菩提, 亦無有定法如來可說.(『金剛經』)

아뇩다라삼먁삼보리라는 고정된 법은 없으며, 여래가 설할 고정된 법도 없습니다.

위의 예문들에서 '無'와 '無有'가 의미로나 문법적 기능으로나 다르지 않음을 확인할 수 있다. 참고로 셋째 예문의 '亦無有'의 '無'가 '无'로 표기된 판본도 있는데, 둘은 통용되던 글자다.

---

31) 이 문장에서 이유를 나타내는 '故'가 문장의 끝에 쓰이는 것은 불교한문의 독특한 용법이다. 이에 대해서는 9장 (3)의 ②에서 '故'를 다룬 부분을 참조하라.

'無'는 또 '~하지 말라'는 금지를 나타내기도 하는데, 이때는 뒤에 오는 동사를 받는다.

7-22 無以琉璃同彼水精. 汝不能知衆生根源, 無得發起以小乘法.(『維摩詰所說經』「弟子品」)

유리를 저 수정과 같다고 보지 마십시오. 그대는 중생의 근원을 알 수 없으니, 소승의 가르침으로 (진리를 구하는 마음을) 일으키지 마십시오.

7-23 今我與汝便爲不異, 宜加用心, 無令漏失.(『妙法蓮華經』「信解品」)

이제부터 나와 너는 다르지 않은 사람이니, 마땅히 마음을 잘 써서 빠뜨리거나 잃지 않도록 하라.

(4) 勿

'勿'은 금지를 나타내는 부정사다. 앞서 '無'가 금지를 나타내기도 한다는 말을 했는데, 금지를 나타낼 때는 일반적으로 '勿'을 많이 쓴다. 또 비슷한 기능을 하는 '毋'가 있으나, 불교경전에서는 거의 쓰이지 않는다.

7-24 汝勿謂如來作是念, 我當有所說法.(『金剛經』)

너는 여래가 '나는 마땅히 설할 법이 있노라'라는 그런 생각을 지었다고 말하지 말라.

7-25 如來身者金剛之體, 諸惡已斷, 衆善普會, 當有何疾, 當有何惱? 黙往阿難, 勿謗如來.(『維摩詰所說經』「弟子品」)

여래의 몸은 금강석과 같은 몸이라 모든 악이 이미 끊어졌고 온갖 선이 두루 모여 있는데, 어떤 병이 있으며 어떤 괴로움이 있겠습니까? 잠자코 돌아가시고, 아난이여, 여래를 비방하지 마십시오.

위 예문에서 볼 수 있듯이 '勿'은 상대에게 금지를 강하게 말할 때 쓴다. 따라서 '勿'이 쓰이는 것으로 이미 대화체임을 짐작할 수 있는데, 내용이 주로 대화로 이루어져 있는 불교경전에서는 자주 쓰일 수밖에 없다.

7-26 天鼓出音告其衆, "汝等宜應勿憂怖."(『華嚴經』「賢首品」)

하늘 북이 소리를 내어 대중에게 알리기를, "너희는 마땅히 걱정하거나 두려워해서는 안 된다"고 하네.

7-27 法王無上尊, 唯說願勿慮.(『妙法蓮華經』「方便品」)

더없이 존귀한 법왕이시여, 그저 설하시고 염려하지는 마시기 바랍니다.

(5) 莫

'莫' 또한 '하지 말라'는 뜻이 있어 금지를 나타내는 데 자주 쓰이는데, 이때는 아래 예문에서 볼 수 있듯이 뜻에서나 쓰임에서 '勿'과 비슷하다.

7-28 彼自無瘡, 勿傷之也. 欲行大道, 莫示小徑.(『維摩詰所說經』「弟子品」)

그들 스스로 부스럼이 없으니, 상처를 주지 마십시오. 대도를 가려고 하는 이에게 샛길을 가르쳐 주지 마십시오.

7-29 佛告須菩提, "莫作是說."(『金剛經』)

부처님께서 수보리에게 이르셨다. "그런 말 하지 말라."

'莫'에는 또 '없다'는 뜻이 있다. 그러나 같은 뜻을 갖는 '無'와는 차이가 있다. 이미 앞서 살펴보았듯이 '無'는 동사이므로 그 뒤에 명사나 명사구가 오지만, '莫' 뒤에는 동사 또는 부정사를 동반한 동사가 온다는 점에서 다르다. 따라서 그저 '~이 없다'라고 해석되는 것보다 '~을 하는 일은 없다, ~을 하는 사람은 없다'로 해석되는 일이 많다.

7-30 此諸大衆莫不目見.(『維摩詰所說經』「香積佛品」)

이 모든 대중들 가운데 눈으로 보지 않은 이는 아무도 없었다.

7-31 斯等共一心, 於億無量劫, 欲思佛實智, 莫能知少分.(『妙法蓮華經』「方便品」)

이들이 함께 한마음으로 한량없는 억겁 동안이나 부처님의 알찬 지혜를 헤아리고 싶어도 (그 지혜에 대해) 조금이라도 알 수 있는 것은 없으리라.

7-32 如來大智慧, 希有無等倫, 一切諸世間, 思惟莫能及.(『華嚴經』「須彌頂上偈讚品」)

여래의 크나큰 지혜는 희유하여 짝할 것이 없으니, 일체 세간의 어떠한 사유로도 전혀 미칠 수 없네.

위 첫째 예문을 직역하면 "이 모든 대중은 눈으로 보지 않음이 없었다"가 되는데, 의미가 통하지 않는 것은 아니지만 내포된 뜻과 말맛을 전혀 살려내지 못한 번역이 된다. 이런 점이 단순히 '없다'는 뜻을 나타내는 '無'와 다른 점이다. 그 차이는 셋째 예문에서 '無'와 '莫'이 각각 쓰인 구절들을 비교해 보면 확실히 알 수 있다. 또 둘째 예문과 셋째 예문의 '知'와 '及'은 각각 목적어를 필요로 하는 동사인데, 둘 다 목적어가 생략되어 있고 지시 대명사도 없다. 이럴 경우, 자칫하면 착오를 일으킬 수도 있다. '知'의 목적어는 바로 앞에 놓인 '佛實智'이며, '及'의 목적어는 문장 첫머리에 놓인 '如來大智慧'다. '及' 바로 앞에 놓인 '一切諸世間思惟'는 '及'을 수식하는 부사구이며, 수단이나 방법을 의미한다.

(6) 未

'未'는 단순히 부정을 나타내는 '不'과 다르며, '不曾'(지금까지 ~
한 적이 없다, 아직 ~하지 않았다)의 뜻을 갖는다. 가령, '不去'는 '가
지 않았다'는 뜻으로 '가지 않은 사실'을 나타내는 데 그치지만, '未
去'는 '아직 가지 않았다'라는 뜻으로 '가지 않은 사실'과 더불어 행
위가 완료되지 않았거나 경험이 아직 없음을 나타낸다. 이로써 보
면, '不有'(있지 않다)는 '無'(없다)와 같다고 할 수 있으나, '未有'(아
직 있지 않다)는 '無'와 같을 수 없고 '未曾有'(지금까지는 없다 또는 아
직 없다)와 비슷하다.[32] 이처럼 '未'는 지나간 일이나 사실을 부정하
는 데 쓰이면서 동작의 미완료나 경험의 부재를 나타내는 데 쓰임
을 알 수 있다.

7-33 唯有阿難先受別請, 遠遊未還, 不遑僧次.(『楞嚴經』권1)
오직 아난만 앞서 다른 초청을 받아서 멀리 갔다가 아
직 돌아오지 않아 공양 자리에 참석할 겨를이 없었다.

7-34 自捨如來, 未有聲聞及菩薩能制其樂說之辯.(『維摩詰所
說經』「弟子品」)
여래를 제쳐두고는 그(유마힐)의 걸림 없고 막힘없는 말
솜씨를 누를 수 있는 성문이나 보살은 아직 없습니다.

---

32) 다만, 불교경전에서 널리 쓰이는 '未曾有'는 '아직까지 없었던' 또는 '이제까
지 없었던 것'이라는 뜻을 갖는 관용구로 쓰이므로 그 용법이 좀 다르다.

‘未’에 이미 ‘曾’의 뜻이 포함되어 있음에도 ‘未曾’이라고 표현하는 경우도 많다.[33] 불교한문의 특징 가운데 하나라고 할 수 있다. 아래 예문들을 보라.

7-35 我從昔來所得慧眼, 未曾得聞如是之經.(『金剛經』)
저는 예부터 얻었던 혜안으로도 이와 같은 경을 아직까지 들을 수 없었습니다.[34]

7-36 無量無邊大劫海, 普現十方而說法, 未曾見佛有去來, 此主光天之所悟.(『華嚴經』「世主妙嚴品」)
한량없고 가없는 오랜 겁 동안에 시방에 두루 나타나 법을 설하셨으나 부처님이 오고 가심을 이제껏 본 적이 없었으니, 이것이 묘광천왕이 깨달은 바로다.

7-37 我自昔來, 未曾從佛聞如是說.(『妙法蓮華經』「方便品)
저는 예부터 부처님께 이와 같은 설법을 들은 적이 없습니다.

---

33) ‘曾’에 대해서는 11장 (2)의 ④에서 다루었다.

34) “이와 같은 경을 아직까지 들을 수 없었습니다”로 번역했는데, 이 구절은 참 미묘한 뜻을 담고 있다. 단순히 경을 들은 경험이 없었다는 뜻이 표면에 드러나 있음은 분명하다. 그런데 그 이면에는 “경을 들은 경험은 있지만 그 뜻을 알아듣거나 깨달음을 얻은 적은 없었다”는 뜻이 담겨 있는 것으로 읽히기 때문이다. 만약 이 구절을 “이와 같은 경을 아직까지 들은 적이 없습니다”라고 번역한다면, 단순히 들은 경험의 부재를 나타내므로 그 미묘한 뜻과 말맛을 놓치게 될 것이다. 물론 “이와 같은 경은 아직까지 들은 적이 없습니다”라고 번역해서 ‘경’에 방점을 찍어 세존의 희유한 가르침을 기릴 수도 있다. 어떤 번역이나 해석도 가능한 구절이다.

(7) 靡

본래 '靡'는 '無'로 해석되는 부정사지만, 불교경전에서는 '莫'처럼 동사 또는 부정사를 동반한 동사를 받는다.

7-38 神通變化靡暫停, 一切菩薩咸來集.(『華嚴經』「華藏世界品」)
    신통한 변화가 잠시도 멈추지 않으니, 일체 보살이 다 와서 모이도다.

7-39 所示苦行世靡堪, 令彼見已皆調伏.(『華嚴經』「賢首品」)
    보여준 고행을 세상에서는 견디지 못하나, 그들이 보고난 뒤 모두 조복하게 하네.

그런데 불교경전에서는 '不'과 결합한 '靡不'이 널리 쓰이는데, 당연히 강조를 나타내며 '~하지 않음이 없다, ~하지 않는 게 없다'라고 해석된다.

7-40 大聖法王衆所歸, 淨心觀佛靡不欣.(『維摩詰所說經』「佛國品」)
    대성인이신 법왕은 중생이 귀의할 바이니, 맑은 마음으로 부처님을 뵈면 기쁘지 않음이 없다네.

7-41 十方無間靡不經歷, 能以一念將此法門, 於末劫中開示未學(『楞嚴經』권10)

시방세계의 무간지옥까지 거치지 않은 곳이 없을지라
도 한 생각으로 이 법문을 가지고 말법 시대에 아직 배
우지 못한 자를 가르칠 수 있다면

7-42 爾時佛放眉間白毫相光, 照東方萬八千世界, 靡不周遍
(『妙法蓮華經』「序品」)

이때 부처님이 미간의 백호상에서 빛을 내시어 동방
만 팔천 세계를 두루 다 비추시니

셋째 예문의 '白毫相'은 부처님의 32상 가운데 하나로, 부처님
의 미간에 난 희고 긴 털이며 오른쪽으로 감겨 있다고 한다.

제8장 개사

    개사(介詞)는 영어의 전치사와 유사하며, 일반적으로 동사와 명사 사이의 관계를 지어주는 구실을 한다. 개사가 이어주는 명사는 동사의 영향을 받는 목적어처럼 개사의 목적어가 된다. 그리고 개사와 그 목적어는 문장 안에서 대개 부사처럼 기능한다. 이런 개사로 대표적인 것은 '於, 以, 爲, 與, 將' 따위가 있다.

(1) 於

    '於'는 순수하게 개사로만 쓰이며, '~에, ~에서, ~에게, ~에대해, ~로, ~로부터, ~보다' 따위의 뜻을 갖는다. '於'와 용법이 비슷하여 거의 같이 쓰이는 글자로 '于'가 있다.

① 지점과 시점

    가장 널리 쓰이는 '於'의 용법은 행위가 이루어지는 위치나 지점을 나타내는 것이다. 아래 예문들을 보라.

8-1 菩薩應如是布施, 不住於相.(『金剛經』)

　　보살은 마땅히 이와 같이 보시하되 상에 머물러서는 안
　　된다.

8-2 而此世界廣長之相, 悉於中現.(『維摩詰所說經』「佛國品」)

　　그러자 이 세계의 너르고 긴 모습이 모두 그 안에 나타
　　났다.

8-3 皆於阿耨多羅三藐三菩提不退轉(『妙法蓮華經』「序品」)

　　모두 아뇩다라삼먁삼보리에서 물러나지 않았으며

　　위 첫째 예문의 '應'은 '마땅히, ~해야 한다'로 해석되는데, 부사
로 쓰이거나 조사로 쓰이는 글자인 셈이다. 어떻게 해석하느냐는
문맥에 따르는 것이 적절하다. 위의 예문은 '~해야 한다'로 번역
하면 어색해진다. 이 '應'과 비슷하게 쓰이는 글자로는 '當'이 있다.
'於'는 또 아래에서 볼 수 있듯이 행위의 시점을 나타내기도 한다.

8-4 如來於今日中夜常入無餘涅槃.(『妙法蓮華經』「序品」)

　　여래는 오늘 한밤에 무여열반에 들 것이다.

8-5 合掌禮佛, 瞻仰尊顏, 目不暫捨. 於是, 長者子寶積, 卽
　　於佛前, 以偈頌曰.(『維摩詰所說經』「佛國品」)

　　(모든 대중은) 합장하여 부처님께 예배하고 존안을 우
　　러러보며 잠시도 눈을 떼지 않았다. 이때에 장자의 아
　　들 보적이 곧장 부처님 앞에서 게송을 읊었다.

먼저 위 첫째 예문에서 쓰인 '當'을 보면, 여기서는 '~하려 한다'는 뜻으로 쓰여 가까운 때에 일어날 일을 표시하고 있다. '當'은 미래를 나타내는 데 쓰인다.[35] 둘째 예문에서 문장 첫머리에 나오는 '於是'는 '是時'(이때)와 거의 같은 의미로, 앞 문장의 행위를 이어서 새로운 행위가 이루어짐을 나타낸다. 불교한문에서 시점을 나타내는 데 널리 쓰이는 표현이다. '於'는 이렇게 시점을 나타낼 뿐만 아니라 기간을 나타내기도 한다.

8-6 日月燈明佛, 於六十小劫, 說是經已.(『妙法蓮華經』「序品」)
일월등명불은 60 소겁 동안 이 경전을 다 설하셨다.

'于' 또한 '於'와 거의 같은 용법으로 쓰인다.

8-7 譬如須彌山王顯于大海(『維摩詰所說經』「佛國品」)
비유하자면 (부처님의 모습은) 수미산이 거대한 바다 가운데에 우뚝 솟아 있는 것과 같아서
8-8 使者執之愈急, 强牽將還, 于時窮子自念(『妙法蓮華經』「信解品」)
심부름꾼이 그를 잡고서 더욱 급하게 억지로 끌고 돌아오려 하자, 그때 빈궁한 아들은 스스로 생각하기를

---

35) 이에 대해서는 11장 (2)의 ⑧에서 다루었다.

② 대상

'於'는 동작이나 행위의 대상을 나타내는 데에도 쓰인다. 아래
예문들은 '於' 뒤에 사람이 오는 경우다.

8-9　當知是人, 不於一佛二佛三四五佛而種善根(『金剛經』)
　　　마땅히 알아야 하리니, 이 사람은 한 부처님, 두 부처
　　　님, 서너 다섯 부처님께 선근을 심었을 뿐만 아니라
8-10　供養於諸佛, 隨順行大道(『妙法蓮華經』「序品」)
　　　부처님들께 공양하고 그 가르침을 좇아 크나큰 도를
　　　행하여
8-11　善哉寶積! 乃能爲諸菩薩, 問於如來淨土之行.(『維摩詰所
　　　說經』「佛國品」)
　　　훌륭하구나, 보적이여! 모든 보살을 위해서 정토를 이
　　　루기 위한 수행을 여래에게 묻고 있으니.

사람이 아닌 사물이 '於' 뒤에 놓일 경우에는 '〜에 대하여, 〜에
대해서'라는 말맛을 갖는다.

8-12　爾時, 世尊處于此座, 於一切法, 成最正覺.(『華嚴經』「世
　　　主妙嚴品」)
　　　이때 세존께서는 이 자리에 계시면서 모든 법에서 최
　　　상의 바른 깨달음을 이루셨다.

8-13 　如是四衆等, 其數有五千, 不自見其過, 於戒有缺漏(『妙
　　　法蓮華經』「方便品」)

　　　이와 같은 사부대중은 그 수가 오천 명인데, 제 허물을
　　　스스로 보지 못하고 계율에 있어 흠이나 틈이 있으며

'於一切法'은 '모든 법에 대해서'라는 뜻이며, '於戒' 또한 '계율
에 대해'로 해석된다. 이러한 '於'는 얼핏 지점을 나타내는 듯하지
만, 실제로는 대상을 가리킨다.

'於'는 또 뒤에 놓이는 명사가 동사의 목적어임을 나타내는 구실
도 하는데, 이는 동작이나 행위의 대상을 나타내는 데서 비롯된 용
법으로 여겨진다. 이때는 '~을, ~를'로 해석한다.

8-14 　如世尊言, 眼色爲緣, 生於眼識(『楞嚴經』권1)

　　　세존께서 말씀하신 것처럼 눈과 색이 인연이 되어 안
　　　식을 낸다 하였으니

8-15 　菩薩取於淨國, 皆爲饒益諸衆生故.(『維摩詰所說經』「佛國
　　　品」)

　　　보살이 정토를 취하는 것은 모두 온 중생을 이롭게 하
　　　려는 것 때문이니라.

8-16 　諸佛以方便力, 於一佛乘, 分別說三.(『妙法蓮華經』「方便
　　　品」)

　　　모든 부처님은 방편의 힘으로써 일불승을 나누어 갈라
　　　셋인 것처럼 설하신다.

'於一佛乘'은 '일불승에 대해'로 해석할 수도 있으나, 뒤에 나오는 '分別'에 걸려 그 목적어 구실을 하는 것으로 봄이 타당하다.

'于' 또한 그 자체로 뒤의 명사가 목적어임을 나타내는 데 쓰인다.

8-17 雖得佛道, 轉于法輪, 入於涅槃, 而不捨於菩薩之道, 是菩薩行.(『維摩詰所說經』「文殊師利問疾品」)
　　　불도를 얻어 법의 바퀴를 굴리고 열반에 들더라도 보살도를 버리지 않는 것, 이것이 보살행이다.

위 예문의 '于'는 '於菩薩之道'의 '於'와 같이 뒤의 '法輪'이 목적어임을 나타내고 있다. '入於'의 '於'는 방향을 지시하는데, 이에 대해서는 아래에서 다룬다.

③ 기점과 방향

'於'는 '從, 自'(~에서, ~로부터)의 뜻으로도 쓰인다.

8-18 汝一心精進, 當離於放逸.(『妙法蓮華經』「序品」)
　　　너는 한마음으로 정진하여 방종에서 벗어나야 한다.

8-19 三轉法輪於大千, 其輪本來常淸淨. 天人得道此爲證, 三寶於是現世間.(『維摩詰所說經』「佛國品」)
　　　온 세계에 법의 바퀴(가르침) 세 번 굴리시나니, 그 바퀴는 본래 늘 청정하였네. 하늘과 사람이 도를 얻어

이를 증거로 삼으니, 삼보가 이로부터 세간에 나타나
도다.

위 둘째 예문에서 앞서 나오는 '於大千'의 '於'는 장소를 나타내
며, 뒤에 나오는 '於是'의 '於'가 기점을 나타낸다. 기점을 표시하
는 '於'가 결과를 유도할 때는 마치 수단이나 방법처럼 해석될 수
도 있다.

8-20 善男子, 我於解脫力逮得淸淨方便慧眼, 普照觀察一切
　　　世界, 境界無礙, 除一切障.(60권본 『華嚴經』「入法界品」)
　　　선남자여, 나는 해탈의 힘으로 청정한 방편과 지혜로
　　　운 눈을 얻어 모든 세계를 두루 비추어 관찰하되, 어떠
　　　한 경계에도 걸림이 없고 일체의 장애도 없앴도다.

위의 '於'는 '해탈의 힘에서' 청정한 방편과 지혜로운 눈이 나온
다는 뜻을 함축하고 있는데, 드러난 의미로 보면 해탈의 힘이 수단
이나 방법이 된다. 따라서 '以'로 바꾸어 쓰더라도 아무런 문제가
없다.
　또 '於'는 동작이나 행위의 방향을 지시하여 '~에, ~로, ~까지'
로 해석된다.

8-21 佛說一解脫義, 我等亦得此法, 到於涅槃(『妙法蓮華經』
　　　「方便品」)

부처님께서 해탈의 이치를 하나만 설하셔도 우리들 또한 이 법을 얻어 열반에 이를진대

8-22 入於無量三昧海門, 於一切處, 皆隨現身(『華嚴經』「世主妙嚴品」)

한량없는 삼매 바다의 문으로 들어가 온갖 곳에서 모두 몸을 드러내어

8-23 不能折伏娑毘羅咒, 爲彼所轉, 溺於婬舍(『楞嚴經』권1)

사비가라 주문을 꺾지 못하고 (오히려) 그것에 홀려서 음란한 집에 빠졌사오니

위 둘째 예문에서는 '於'가 두 차례 쓰였는데, 앞의 것은 방향을, 뒤의 것은 지점을 나타낸다. '于' 또한 기점이나 방향을 나타내는 데 쓰인다.

8-24 於是, 維摩詰不起于座, 居衆會前, 化作菩薩(『維摩詰所說經』「香積佛品」)

이때 유마힐은 자리에서 일어나지 않은 채 대중들 앞에서 보살의 모습으로 바꾸었으니

8-25 今佛世尊入于三昧, 是不可思議現希有事(『妙法蓮華經』「序品」)

이제 부처님 세존께서 삼매에 들어가셨으니, 이 불가사의는 아주 드문 일을 나타내신 것인데

④ 비교

'於'는 비교를 나타내는 데에도 쓰인다.

8-26 名稱高遠, 踰於須彌, 深信堅固, 猶若金剛.(『維摩詰所說
      經』「佛國品」)
      그 명성은 높고 멀어 수미산보다 더하고, 깊은 믿음은
      견고하여 금강석과 같았다.
8-27 是人甚希有, 過於優曇花.(『妙法蓮華經』「方便品」)
      이런 사람은 매우 드물어서 우담바라보다 더하도다.

'于'는 비슷하거나 같음을 나타내는 데 자주 쓰인다.

8-28 其光分量, 等于法界, 於法界中, 無所不照(『華嚴經』「十
      定品」)
      그 빛의 분량이 법계와 같은지라 법계 안에서 비추지
      못할 곳이 없어
8-29 若實無聞, 聞性已滅, 同于枯木(『楞嚴經』권4)
      참으로 들음이 없다면 듣는 성품도 이미 사라져서 마
      른 나무와 같아지거늘

(2) 以

'以'는 개사로서 도구나 방법, 이유나 근거, 행위의 시간, 목적 표현, 도치 등 여러 가지로 쓰인다.

① 도구나 방법

본디 '以'는 동사로서 '~로써 하다'는 뜻을 갖고 있다. 아래 예문을 보자.

8-30　所以者何? 一切賢聖, 皆以無爲法而有差別.(『金剛經』)
　　　까닭이 무엇이겠습니까? 일체의 성현들은 모두 무위법으로써 설하므로 차별이 있는 것입니다.

8-31　十方如來同一道故, 出離生死皆以直心.(『楞嚴經』권1)
　　　시방의 여래는 하나의 도를 같이하므로 생사를 벗어나는 일 모두 곧은 마음으로써 했느니.

위 첫째 예문에서 '以'를 단순히 개사로만 여겨서 "일체의 성현들은 모두 무위법으로써 차별이 있습니다"로 번역하는 것은 문법적으로나 의미상으로나 오류다. 그것은 '以'가 동사로도 쓰인다는 점을 간과한 것이다. 둘째 예문의 경우, '以'를 개사로 보고 "모두 곧은 마음으로써 생사를 벗어났다"라고 번역할 수 있으며 의미상 별 문제가 없다. 그러나 문법적으로는 '以'를 동사로 보는 것이 타당하다.

'以'가 도구나 수단, 방법 따위를 나타내는 개사로 쓰여 '~을 가지고, ~로써' 따위로 해석될 수 있는 것은 이러한 동사의 용법에서 비롯되었다.

8-32 復見諸佛般涅槃後, 以佛舍利起七寶塔.(『妙法蓮華經』「序品」)

부처님들이 열반에 드신 뒤에 부처님 사리로써 칠보탑을 일으키는 것을 또 보았다.

위의 예문에서처럼 '以'가 개사로 쓰일 때는 대개 뒤에 오는 명사를 받는다. 그런데 특이하게도 앞의 명사나 명사구를 받는 일도 많다.

8-33 功德智慧以修其心(『維摩詰所說經』「佛國品」)

공덕과 지혜로써 그 마음을 닦았고

8-34 若人滿三千大千世界七寶以用布施, 是人所得福德寧爲多不?(『金剛經』)

만약 어떤 사람이 삼천대천세계에 가득한 칠보로써 보시한다면, 이 사람은 얻을 복덕이 많다고 하겠느냐?

위 예문에서 '以'는 각각 앞의 '功德智慧'와 '滿三千大千世界七寶'를 받고 있다. 본래대로라면 '以功德智慧修其心'과 '以滿三千

大千世界七寶用布施'로 표현되어야 한다. 이는 '以'에 붙은 명사를 강조하기 위한 일종의 도치로 볼 수 있다. 위 둘째 예문에서 '以'가 의미나 용법이 비슷한 '用'(쓰다)과 함께 쓰인 '以用'이 그 자체로 하나의 개사처럼 보일 수도 있는데, '用'은 분명히 '布施'를 목적어로 받는 동사로 쓰였다.

8-35 時我世尊, 聞此語茫然, 不識是何言, 不知以何答, 便置鉢欲出其舍.(『維摩詰所說經』「弟子品」)
세존이시여, 그때 저는 이 말을 듣고 망연자실하여 이게 무슨 말인지 알지도 못하고 어떻게 대답해야 할지도 몰라서 곧장 발우를 내려놓고 그 집을 나오려고 했습니다.

여기서 '以何'는 '무엇으로써, 어떻게'라고 해석되며, 방법을 지시한다.

② 이유나 근거

'以'는 원인이나 이유를 나타내기도 한다.

8-36 說法不有亦不無, 以因緣故諸法生, 無我無造無受者, 善惡之業亦不亡.(『維摩詰所說經』「佛國品」)
법은 있지도 않고 없지도 않으나 인연으로 말미암아

온갖 법이 생겨나며, 나라는 것도 없고 짓는 자도 없고 받는 자도 없으나 선업과 악업 또한 사라지지 않는다고 말씀하셨다.

8-37 又以如來威神力故, 其菩提樹恒出妙音, 說種種法無有盡極.(『華嚴經』「世主妙嚴品」)

또 여래의 위신력으로 말미암아 그 보리수는 늘 오묘한 소리를 내는데, 갖가지 법을 설함이 다함도 끝도 없었다.

8-38 是人亦以種諸善根因緣故, 得値無量百千萬億諸佛, 供養恭敬尊重讚歎.(『妙法蓮華經』「序品」)

이 사람 또한 갖가지 선근을 심은 인연이 있기 때문에 한량없는 수백 수천 수만 수억의 부처님들을 만나 공양하고 공경하며 존중하고 칭송할 수 있었다.

'以'가 원인이나 이유를 나타낼 때 '故'가 덧붙어서 그 쓰임을 더 분명하게 드러내는 것도 불교한문의 한 특성이라 볼 수 있다. 또 '以'는 판단의 근거를 제시하는 데 쓰이기도 한다.

8-39 以須菩提實無所行, 而名須菩提是樂阿蘭那行.(『金剛經』)

수보리는 참으로 (아란야의 행을) 한 바가 없기 때문에 수보리는 아란야의 행을 즐긴다고 이르신 것입니다.

8-40 勿作是意, 謂此佛土以爲不淨. 所以者何? 我見釋迦牟

尼佛土淸淨, 譬如自在天宮.(『維摩詰所說經』「佛國品」)

그런 생각 하지 마시오, 이 불국토는 깨끗하지 못하다고 하는. 그 까닭이 무엇이냐면, 내가 석가모니 부처님의 국토가 청정함을 보았는데, 비유하자면 자재천궁과 같았소.

첫째 예문에서 '以'로 시작되는 앞 구절은 뒤 구절에서 이루어진 행위의 근거로 제시된 것이다. 또 둘째 예문에서처럼 '所以'의 형태로 근거나 이유를 나타내는 일은 매우 흔한데, 이에 대해서는 2장 (5)에서 이미 살펴본 바 있다. 또 '以爲'는 그 자체로 '~으로 여기다, 생각하다'로 해석되는데, 흔히 볼 수 있는 '以A爲B'(A를 B로 여기다)의 형태에서 변형된 표현으로 볼 수 있다. 이는 앞서 8-33과 8-34의 예문에서 보았듯이 개사 '以'가 앞의 명사를 받을 수 있다는 것과도 관련이 된다. 말하자면, '以此佛土爲不淨'이 '此佛土以爲不淨'으로 바뀐 것과 같다.

③ 시간

드물기는 하지만, '以'는 '於'와 비슷하게 시간을 나타내는 데에도 쓰여 '~에'로 해석된다.

8-41 又以他日於窓牖中, 遙見子身(『妙法蓮華經』「信解品」)

(장자가) 또 다른 날에 창틈으로 멀리서 아들의 몸을

바라보니

8-42 以昔劫海修行力, 今此世界無諸垢.(『華嚴經』「華藏世界
　　　品」)
　　　옛날 아득한 세월 동안에 수행한 힘이 있어 이제 이 세
　　　계에 아무런 티끌이 없도다.

위 둘째 예문에서 '以'는 '昔劫海'를 받아 시간을 나타내면서 동
시에 '昔劫海修行力' 전체를 받아 이유나 원인을 나타내는 이중의
용법으로 쓰였다고 볼 수도 있다.

④ 목적

'以'의 여러 용법들은 대체로 앞이나 뒤의 명사 또는 명사구와
연결된다. 그런데 바로 뒤에 동사가 놓이는 경우가 있는데, 이때
는 앞의 동사와 뒤의 동사를 이어주면서 '~을 하고 이를 통해 (~
을 한다)'는 의미를 가진다. 얼핏 보면, 동사 사이를 연결하는 '而'와
유사하다.

8-43 現是雲已, 向佛作禮, 以爲供養(『華嚴經』「如來現相品」)
　　　이런 구름을 나타낸 뒤에 부처님을 향해 예배하고서
　　　공양을 올리고

위 예문에서처럼 단순히 행위의 연속을 나타내기도 하지만, 목

적을 표시하는 데에도 쓰인다.

8-44 假使有人磨以爲墨(『妙法蓮華經』「化城喻品」)
   가령 어떤 사람이 (그것들을) 갈아서 먹을 만들어
8-45 關閉一切諸惡趣門, 而生五道以現其身(『維摩詰所說經』
   「佛國品」)
   일체 모든 악취의 문을 닫아 걸었으나, 오도[36]에 태어
   나서 그 몸을 드러내고는
8-46 又見具戒, 威儀無缺, 淨如寶珠, 以求佛道.(『妙法蓮華
   經』「序品」)
   또 계율을 지키는 이를 보면, 그는 위의에 흠이 없고
   보배로운 구슬처럼 깨끗이 해서 불도를 구한다.

위에서 '以' 뒤에 놓인 구절들은 앞에 나온 행위의 목적을 나타
낸다. '磨'(가는 행위)는 '爲墨'(먹을 만들기)을 위함이고, '生五道'(오도
에 태어남)는 '現其身'(그 몸을 드러내기)을 위함이며, '淨如寶珠'(보배
로운 구슬처럼 깨끗이 함)는 '求佛道'(불도를 구하기)를 위함이다. 따라
서 여기서 '以'는 행위의 연속이 아니라 목적을 나타낸다.

8-47 又見佛子, 住忍辱力, 增上慢人, 惡罵捶打, 皆悉能忍,
   以求佛道.(『妙法蓮華經』「序品」)

---

36) '五道'는 '五惡趣'라고도 하며, 지옥·아귀·축생·인간·천상을 가리킨다.

또 불자를 보면, 그는 인욕의 힘에 머물면서 증상만인이 심하게 욕하고 매질하더라도 모두 다 잘 참아서 불도를 구한다.

위 예문에서 '以'는 앞의 동사 '忍'(참다, 견디다)을 받아서 이어가는데, '忍'의 목적어는 앞에 놓인 '增上慢人, 惡罵捶打, 皆悉'이다. 목적어가 길기도 하고 또 강조하려는 의도가 있어서 도치시킨 형태로 볼 수 있다.

⑤ 도치

목적어는 기본적으로 동사 뒤에 놓이는데, 목적어가 동사 앞에 놓이는 경우도 있다. 이때 '以'가 목적어 앞에 덧붙어서 '~을/를'로 해석되는 경우가 많다.[37] 이런 표현은 목적어를 강조하기 위한 것으로 볼 수 있다.

8-48 魔以汝等與我, 今汝皆當發阿耨多羅三藐三菩提心.(『維摩詰所說經』「菩薩品」)

마구니(파순)가 그대들을 나에게 주었으니, 이제 그대

---

37) '以' 외에도 '於, 將, 用' 따위도 쓰이는데, 자세하게 논하지는 않겠다. 『妙法蓮華經』「見寶塔品」에 나오는 구절을 예시로 들자면, "是時諸佛各將一大菩薩以爲侍者"(이때 모든 부처님은 각자 한 명의 대보살을 시자로 삼아)에서 '將'은 '一大菩薩'을 목적어로 받고 있다.

들은 모두 아뇩다라삼먁삼보리심을 내어야 하리라.

8-49 若有善男子善女人, 以七寶滿爾所恒河沙數三千大千世界, 以用布施, 得福多不?(『金剛經』)

만약 어떤 선남자 선여인이 칠보를 저 갠지스 강의 모래알 수만큼의 삼천대천세계에 채워 보시한다면, 복을 얻음이 많겠느냐, 많지 않겠느냐?

8-50 是經名爲金剛般若波羅蜜, 以是名字, 汝當奉持.(『金剛經』)

이 경의 이름은 금강반야바라밀이니, 이 이름을 너는 받들어 지녀야 하리라.

위에서 둘째 예문의 경우, 대개 '以七寶滿爾所恒河沙數三千大千世界'를 '칠보로써 저 갠지스 강의 모래알 수만큼의 삼천대천세계를 채워서'로 번역한다. 이는 '以'를 도구나 수단으로 본 것인데, 문맥을 잘못 파악한 해석이다.[38] 이 구절에서 무게 중심은 '칠보'에 있다, 보시하는 그 '칠보'의 양이 참으로 많은데, 그에 따라 복을 '얻음도 많겠느냐?' 하고 묻는 문장이기 때문이다.[39] 이는 『금강경』

---

38) 아주 틀렸다고 단정하기 어려운 것이 사실이나, 그 미묘한 뜻이나 말맛의 차이를 간과할 수 없다.

39) 물론 이를 두고 지나치게 문법적으로 따진다고 힐난할 분도 있겠으나, 불교 경전이 매우 미묘한 이치를 표현하고 있는 점을 감안하면 결코 허투루 보아넘길 수 없고 또 그렇게 해서도 안 된다. 일단은 문법이라는 문장의 법칙을 따라서 해석하고 번역할 필요가 있다. 이를 간과한다면, 문법의 존재 이유가 없어질 것이며, 번역자나 해석자가 '재량' 또는 '자칭 깨달음'을 앞세워 오독하고 오역해버려도 할 말이 없게 된다.

에서 위 예문 앞에 나오는 "若人滿三千大千世界七寶, 以用布施, 是人所得福德寧爲多不?"(만약 어떤 사람이 삼천대천세계에 칠보를 가득 채워서 보시한다면, 이 사람이 얻을 복덕이 많다 하겠느냐, 많지 않다 하겠느냐?)를 볼 때, 한층 분명해진다. 오히려 '以用布施'의 '以'가 수단이나 방법을 나타낸다.

또 목적어가 동사 뒤에 오는 데도 '以'가 목적어 앞에 놓이는 경우가 있다.

8-51 如來示以淸淨道, 此須彌音之解脫.(『華嚴經』「世主妙嚴品」)
여래께서 청정한 도를 보이시니, 이는 수미음(須彌音) 천왕(天王)의 해탈이라네.

8-52 道場一切出妙音, 讚佛難思淸淨力, 及以成就諸因行, 此妙光神能聽受.(『華嚴經』「世主妙嚴品」)
도량의 모든 곳에서 오묘한 소리를 내어 생각하기 어려운 부처님의 청정한 힘과 갖가지 인행을 성취한 것을 칭찬하니, 이를 묘광조요(妙光照耀) 도량신(道場神)이 듣고 받아들였네.

위 첫째 예문에서 '以'는 자칫 수단이나 방법을 지시하는 것으로 간주될 수 있다. 그러나 '淸淨道'는 보여주려 한 대상일 뿐이므로 목적으로 보는 것이 타당하다.

관용어로 '以爲'가 널리 쓰이는데, '~라고 여기다, 생각하다'라는 의미로 해석된다. 이 또한 앞의 ② '이유나 근거'에서 이미 논했듯이 '以A爲B'의 변형이다.

> 8-53 行色無色界道不以爲勝(『維摩詰所說經』「佛道品」)
> 색계와 무색계의 길을 가더라도 (그것을) 수승하다고 여기지 않고
> 8-54 我等從佛得涅槃一日之價, 以爲大得(『妙法蓮華經』「信解品」)
> 저희들은 부처님을 좇아 열반이라는 하루 품삯을 얻고는 (그것을) 큰 소득이라 여겨

문법적으로 따지자면, '以爲'의 '以'가 각각 앞에 놓인 '行色無色界道'와 '涅槃一日之價'를 목적어로 받는다고 말할 수 있다. 본래 '以' 앞에 목적어가 놓이기도 하는데, '以爲'가 관용적 표현으로 쓰이면서 더욱더 그렇게 된 셈이다.

(3) 爲

'爲'는 본디 '하다, 만들다, 되다, 생각하다'의 의미를 갖는 동사인데, 개사로도 쓰인다. 먼저 '~을 위하여'로 해석되는 경우를 보자.

8-55 卽時如來敷座宴安, 爲諸會中宣示深奧(『楞嚴經』권1)

　　　　바로 그때 여래께서 자리를 펴고 편안히 앉으시어 거기 모인 여러 대중을 위해 깊고 오묘한 법을 설하시니

8-56 善哉寶積! 乃能爲諸菩薩問於如來淨土之行. 諦聽諦聽, 善思念之. 當爲汝說.(『維摩詰所說經』「佛國品」)

　　　　훌륭하구나, 보적이여! 모든 보살을 위해서 정토를 이루기 위한 수행을 여래에게 묻고 있으니. 자세히 듣고 잘 생각하라. 너를 위해 설하리라.

8-57 若有利根, 智慧明了, 多聞强識, 求佛道者, 如是之人, 乃可爲說.(『妙法蓮華經』「譬喩品」)

　　　　만약 예리한 근기에 지혜로워 환히 알며 많이 듣고 잘 기억하면서 불도를 구하는 자가 있다면, 이와 같은 사람을 위해서는 곧 설할 수 있다.

　'爲'가 개사로 쓰일 때는 대개 그 뒤에 놓이는 명사와는 '개사+목적어'라는 문법적 관계를 이룬다. 그런데 개사인 '爲'의 목적어가 앞에 놓이는 경우도 있다. 위 셋째 예문의 경우가 그러하다. 앞에 놓인 '如是之人'이 개사 '爲'의 목적어인데, 이는 개사의 목적어를 강조하기 위함이며 동시에 넉 자 구절을 맞추려는 의도도 작용했다고 말할 수 있다. 또 아래 예문에서처럼 '爲' 뒤에 명사구가 오는 경우도 많다.

8-58 寂滅無性不可取, 爲救世間而出現.(『華嚴經』「世主妙嚴

品」)

적멸하시어 성품이라 할 게 없어 취할 수 없건만 세간
을 구제하기 위해 출현하셨네.

'爲'의 목적어인 '救世間'은 '동사+목적어'로 이루어진 명사구다.
말하자면, 명사화된 동사 표현을 목적어로 취한 셈이다. 위에서
'寂滅'은 '열반'을 이른다.

'爲'는 또 이유를 나타내기도 하는데, 이때는 '~때문에'로 해석
된다.

8-59 世間業性不思議, 佛爲群迷悉開示, 巧說因緣眞實理,
      一切衆生差別業.(『華嚴經』「世主妙嚴品」)
      세간의 업의 성품은 불가사의한데도 부처님은 중생의
      미혹 때문에 모두 열어 보이시고 인연의 진실한 이치
      와 모든 중생의 갖가지 업을 교묘하게 설하셨다.

8-60 然我覺了能知之心, 不見內者爲在根故(『楞嚴經』 권1)
      그렇다면 깨달아서 잘 알 수 있는 제 마음이 안을 보지
      못하는 것은 (마음이) 눈 뿌리에 있기 때문이고

위 예문들에서 '爲'는 각각 '群迷'와 '在根'을 목적어로 취하고
있다. 특히 둘째 예문에서는 '故'를 구절 끝에 덧붙임으로써 '爲'가
이유를 나타내기 위해 쓰였다는 사실을 한층 분명하게 드러내고
있다.

8-61 汝爲世間眼, 一切所歸信, 能奉持法藏(『妙法蓮華經』「序品」)

그대는 세간의 눈이요 모든 사람들이 귀의하고 믿는 바이므로 법의 곳집(경전)을 잘 받들어 지닐 것이니

　불교경전은 넉 자 구절을 주로 하는 산문과 더불어 오언(五言)이나 칠언(七言)으로 이루어진 게송들도 꽤 많다. 이런 게송들의 경우, 시적 표현이라는 이유에서 자칫 문법을 무시하고 해석할 수도 있다. 그러나 찬찬히 살펴보면, 역시 문법적 표현을 충실하게 따르고 있음을 알게 된다.

　위 예문은 오언의 게송인데, 이유를 나타내는 '爲'의 목적어가 다음 구절까지 이어져 있음을 간과해서는 안 된다. 즉, '世間眼'에서 끊지 말고 '一切所歸信'까지 이어서 해석해야 한다는 말이다. 만약 '世間眼'에서 끊어 해석한다면, '그대는 세간의 눈이기 때문에 모든 사람들이 귀의하고 믿는 바이다'라는 의미가 된다. 이런 해석은 '能奉持法藏'이 뒤에 없을 경우에는 가능하다. 요컨대, 게송의 해석에서도 문법은 간과할 수 없는 사항이라는 것이다.

　또 '爲'는 '爲~所~'의 형태로 피동을 나타내기도 한다. 이에 대해서는 4장 (4)에서 다루었으므로 여기서는 다루지 않는다.

(4) 그 밖의 개사들

① 與

'與'는 명사 사이의 병렬 관계를 나타내는 연사(連詞)[40]로서 쓰이기도 하지만, 개사로도 쓰인다.

8-62 今見此瑞, 與本無異(『妙法蓮華經』「序品」)
      지금 이 상서를 보니 이전에 본 것과 다름이 없으니

8-63 遠離一切虛妄顚倒, 似非因緣與彼自然.(『楞嚴經』권2)
      (이 깨달음의 성품은) 모든 허망하고 뒤바뀐 것을 멀리 떠나서 인연이 아니고 저 자연과 비슷합니다.

'與本'의 '本'은 '옛날, 이전'을 뜻하는 명사로 쓰였으며, 개사인 '與'의 목적어 구실을 하고 있다. 또 '與彼自然'(저 자연과)은 앞에 놓인 술어 '似'(같다, 비슷하다)에 이어져 있다.

8-64 供養汝者墮三惡道, 爲與衆魔共一手, 作諸勞侶, 汝與
      衆魔, 及諸塵勞, 等無有異(『維摩詰所說經』「弟子品」)
      그대에게 공양한 자는 삼악도에 떨어지고, 마구니 무리와 손을 잡아서 온갖 번뇌의 짝이 되고, 그대와 마구

---

40) 연사는 접속사라 할 수 있는데, 이에 대해서는 9장에서 다룬다.

니 무리와 온갖 번뇌가 똑같아서 다름이 없게 되고

　위 예문에서 '爲與衆魔'의 '與'는 개사다. 그렇지만 '汝與衆魔'의 '與'는 뒤에 이어 나오는 '及'과 마찬가지로 병렬 관계를 지시하는 연사다. 덧붙이자면, '爲' 또한 이유를 나타내는 개사로 쓰여 '與衆魔共一手'를 목적어로 받고 있다. 만약 '爲'를 개사로 보지 않고 동사로 본다면, '爲與衆魔共一手'와 '作諸勞侶'는 병렬 관계가 된다. 그러나 이는 문맥에 맞지 않은 해석이다. '온갖 번뇌와 짝이 되는' 이유가 '마구니 무리와 손을 잡았기' 때문이다. 뒤에 이어지는 '그대와 마구니 무리와 온갖 번뇌'라는 병렬 관계가 이어지지 않느냐고 반문할 수 있는데, 문맥을 보면 뒤의 구절과는 상관없이 해석하는 것이 타당하다.

　아래 예문에서처럼 '與' 뒤에 오는 목적어가 생략되는 경우도 있다.

8-65　爾時, 窮子先取其價, 尋與除糞.(『妙法蓮華經』 「信解品」)
　　　그때 빈궁한 아들은 먼저 그 값을 받고 마침내 (그들과)
　　　함께 똥을 치웠다.

　위에서 '尋與除糞'은 '尋與之除糞'의 생략인데, '之'는 경전 원문에서 위 문장 앞에 나오는 '二人'이다.[41]

---

41) 경전의 원문에는 "密遣二人形色憔悴無威德者 … 時二使人卽求窮子, 旣已得之具陳上事"가 나오는데, 이 문장의 '二人' 또는 '二使人'이 본문의 내용

'與'는 또 비교에도 쓰인다.

8-66 世間所有衆福力, 不與如來一相等.(『華嚴經』「世主妙嚴品」)

세간에 있는 뭇 복력도 여래의 한 모습보다 못하니라.

8-67 是三寶皆無爲相, 與虛空等.(『維摩詰所說經』「入不二法門品」)

이 삼보는 모두 무위의 상으로 허공과 똑같습니다.

'不與如來一相等'에서 '不'은 끝에 있는 형용사 '等'(같다)을 부정하며, '與'는 '如來一相'을 목적어로 받는 개사로 쓰였다. 직역하면, "여래의 한 모습과 같지 않다"가 된다.

② 將

개사로서 '將'은 '以'와 비슷하게 '~로써, ~을 가지고'라는 의미로 해석된다.[42]

8-68 不將此語, 爲破彼故, 而向彼說; 不將彼語, 爲破此故, 而向此說(『華嚴經』「十地品」)

─────────────

에서는 생략되었다.
42) '將'은 또 시간을 표시하기도 하는데, 이에 대해서는 11장 (2)의 ⑥에서 다루었다.

이 말로써 저 사람을 깨뜨리기 위해 저 사람에게 말하
지 않고, 저 말로써 이 사람을 깨뜨리기 위해 이 사람
에게 말하지 않으며

8-69 敕文殊師利將咒往護, 惡咒銷滅(『楞嚴經』권1)
(부처님께서) 문수사리에게 일러 신주를 가지고 가서
지키게 하시니, 악한 주문이 사라져 없어지고

위 첫째 예문에서 '不'은 저 뒤에 나오는 '說'을 부정하며, '爲'는
목적을 '向'은 대상을 표시하는 개사로 쓰였다. 그런데 '爲'가 목적
을 표시함에도 그 뒤에 이유나 까닭을 나타내는 '故'가 덧붙어 있
다. 흥미롭게도 이는 목적과 이유가 쉽게 혼동될 수 있다는 사실을
보여준다.

③ 自, 由, 從

'自, 由, 從'은 '~로부터, ~에서'라는 뜻을 갖는 개사로 쓰인다.
먼저 '自'는 시간과 공간의 의미로 널리 쓰인다.

8-70 世尊, 今所聞香, 自昔未有, 是爲何香?(『維摩詰所說經』
「菩薩行品」)
세존이시여, 이제 맡고 있는 향기는 예로부터 없던 것
이온데, 이것은 어떤 향기이옵니까?

8-71 虛空寂然不參流動, 風自誰方鼓動來此?(『楞嚴經』권3)

허공은 고요하여 흐르지도 움직이지도 않거늘, 바람이
어느 방향에서 움직여 여기로 오느냐?

위 둘째 예문의 '不參流動'에서 '參'(뒤섞이다, 간여하다)은 의미상
없어도 아무런 상관이 없으나, 넉 자 구절의 가락을 맞추기 위해
쓰였다. 위에서는 이를 배제하고 번역했는데, 만약 '參'을 의미 있
는 동사로 본다면 "흐름과 움직임에 뒤섞이지 않거늘"이나 "흐름
과 움직임에 간여하지 않거늘"로 번역된다. 이와 동시에 '流動'은
명사구로서 '參'의 목적어가 된다. 불교경전에서는 이런 용법으로
쓰인 글자들이 적지 않게 있으므로 때로 무시하고 해석할 필요가
있다.

본디 '말미암다, 따르다'는 뜻의 동사인 '由' 또한 개사로 쓰이면
서 시간과 공간의 기점을 표시한다.

8-72 我觀如來自在力, 皆由往昔所修行(『華嚴經』「世主妙嚴
品」)
내가 여래의 자재한 힘을 보건대, 그 모두 옛날부터 수
행한 바라

8-73 世間所有安樂事, 一切皆由佛出生(『華嚴經』「世主妙嚴
品」)
세간에 있는 편안하고 즐거운 일은 모두 다 부처님으
로부터 나오나니

'由'는 논리적인 근거나 이유를 표시하는 데에 더 자주 쓰인다. 이때는 '~으로 말미암아'로 해석되기도 한다.

8-74 智度菩薩母, 方便以爲父, 一切衆導師, 無不由是生.(『維摩詰所說經』「佛道品」)

지혜는 보살의 어미요, 방편으로 아비 삼으니, 모든 중생 이끄는 스승도 이로부터 나지 않음이 없다네.[43]

8-75 何由能解佛之智慧?(『妙法蓮華經』「譬喩品」)

무엇으로 말미암아 부처의 지혜를 이해할 수 있겠느냐?

'從'은 본디 '좇다, 따르다'라는 뜻의 동사인데, '由'와 비슷하게 개사로서 시간과 공간, 논리 따위를 표시하는 데 쓰인다.

8-76 汝等當知一切衆生, 從無始來生死相續, 皆由不知常住眞心性淨明體, 用諸妄想.(『楞嚴經』권1)

너희는 마땅히 알아야 할 것이니, 모든 중생이 아득한 옛날부터 나고 죽는 일을 이어오는 것은 모두 늘 있는 진심의 성품이 깨끗하고 밝은 본체임을 알지 못하고 온갖 망상을 쓰기 때문임을.

8-77 若從空生, 自是空知, 何關汝入?(『楞嚴經』권3)

만약 허공에서 생겨난다면 허공이 스스로 아는 것이

---

43) 지혜로 번역되는 '지도(智度)'는 지혜로써 피안으로 건너간다는 뜻으로, 육도(六度) 곧 육바라밀 가운데 지혜바라밀을 가리킨다.

니, 네 감각기관과 무슨 상관이겠느냐?

8-78 須菩提, 一切諸佛及諸佛阿耨多羅三藐三菩提法皆從此
經出.(『金剛經』)

수보리야, 일체의 모든 부처님과 모든 부처님의 아뇩
다라삼먁삼보리의 법이 모두 이 경에서 나오기 때문이
다.

8-79 從無量功德智慧生, 從戒定慧解脫解脫知見生, 從慈悲
喜捨生(『維摩詰所說經』「方便品」)

(부처님의 몸은) 한량없는 공덕과 지혜에서 생기고,
계·정·혜·해탈·해탈지견에서 생기고, 자·비·희·사
에서 생기고

위에서 불교한문에 쓰이는 개사들에 대해 살펴보았다. 개사의
수는 적지만, 그 쓰임새에 따라 다양한 의미를 가질 수 있으므로
주의를 기울여야 한다. 정교하고 미묘한 철학을 펴는 불교한문에
서는 개사 하나의 쓰임새를 잘못 파악함으로써 문장 전체의 의미
가 애매하거나 모호하게 되는 일이 생길 수 있기 때문이다. 실제로
그런 번역들이 적지 않다.

제9장 연사

연사(連詞)는 일종의 접속사이며, 대체로 구와 구를 연결하는 구실을 한다. 연사로는 '夫, 及, 幷, 且, 而, 卽, 則, 乃, 遂, 因, 以, 由, 故' 따위가 쓰인다.

(1) 화제 유도

'夫'는 '대저, 무릇' 따위의 의미를 가지며, 문장의 첫머리에 놓이면서 화제를 유도하거나 논점을 제기하는 구실을 한다. 이 '夫'는 뒤에 오는 구절을 하나로 묶어주므로 연사로 볼 수 있다.

9-1 夫說法者當如法說, 法無衆生離衆生垢故(『維摩詰所說經』
「弟子品」)

무릇 법을 설할 때는 법대로 설해야 하는 것이니, 법에는 중생이 없고 또 중생이라는 티끌을 여의었기 때문이며

9-2 夫一菩薩開導百千衆生, 令發阿耨多羅三藐三菩提心, 於其道意亦不減盡, 隨所說法而自增益一切善法, 是名

無盡燈也.(『維摩詰所說經』「菩薩品」)

무릇 한 보살이 수백 수천 중생을 깨우치고 이끌어 (그들이) 아뇩다라삼먁삼보리의 마음을 일으켜서 깨달음에 둔 뜻을 전혀 꺼뜨리지 않고 부처님이 설하신 법을 따르며 모든 선법을 스스로 늘게 하는 것, 이것을 '무진등'이라 합니다.

위의 첫째 예문에서는 '者'가 있어서 '夫'가 가리키는 논점이 '說法'임이 분명하게 드러나 있다. 물론 그 어세는 나머지 구절들에도 미치고 있다. 둘째 예문에서는 뒤에 놓인 '是'를 통해 '夫'가 '一切善法'까지 하나로 묶고 있음을 알 수 있다. '夫'와 비슷하게 쓰이는 글자로는 '凡'이 있다.

9-3 凡所有相皆是虛妄, 若見諸相非相則見如來.(『金剛經』)
    무릇 형상이 있는 것은 모두 허망한 것이니, 만약 모든 형상이 형상이 아님을 본다면 곧 여래를 보리라.

9-4 凡我所有舍宅人民, 悉以付之, 恣其所用.(『妙法蓮華經』
    「信解品」)
    무릇 내가 가진 집과 하인들을 모두 아들에게 주어서 마음대로 쓰게 하리.

'凡'이 첫째 예문에서는 '所有相'이 논점임을 드러내고, 둘째 예문에서는 '我所有舍宅人民'을 하나로 묶고 있다.

(2) 병렬

① 及, 幷, 且

　명사의 병렬에 널리 쓰이는 연사로는 '與, 及, 幷' 따위가 있는데, 이에 대해서는 2장 ⑷에서 이미 살펴보았다. 그런데 '及'과 '幷'은 명사의 병렬 외에도 쓰이는데, 이때는 '~와/과'가 아니라 '및, 그리고, 또, 아울러' 따위로 해석된다.

> 9-5　我爲汝略說, 聞名及見身, 心念不空過, 能滅諸有苦.(『妙法蓮華經』「觀世音菩薩普門品」)
> 　　　내가 너를 위해 간략하게 설하리니, 그 이름을 듣고 또 그 몸을 보며 마음에 두되 헛되이 보내지 않으면 저 모든 괴로움을 없앨 수 있느니라.
>
> 9-6　彼有菩薩名維摩詰, 住不可思議解脫, 爲諸菩薩說法. 故遣化來, 稱揚我名幷讚此土(『維摩詰所說經』「香積佛品」)
> 　　　거기에 유마힐이라는 보살이 있는데, 불가사의한 해탈에 머물면서 모든 보살들을 위해 법을 설하고 있느니라. 그래서 자신의 화신 보살을 보내 내 이름을 드높이고 아울러 이 불토를 기리어

　위 첫째 예문에서 '及'은 앞과 뒤에 나오는 '동사+목적어' 형태의 '聞名'과 '見身' 두 구절이 병렬 관계임을 나타내고 있고, 둘째 예

문의 '幷'도 마찬가지로 '稱揚我名'과 '讚此土' 두 구절이 병렬 관계임을 지시하고 있다.

'與, 及, 幷'이 대등한 병렬을 나타내는 연사라면, '且'는 앞의 것에 더한다는 의미를 나타내는 연사로서 '그 위에, 게다가, 또한' 따위로 해석된다.[44]

> 9-7 舌不乾黑短, 鼻高修且直(『妙法蓮華經』「隨喜功德品」)
>
> 혀는 마르지도 검지도 짧지도 않고, 코는 높고 길면서 또한 곧으며
>
> 9-8 知想境界險且深, 爲現神通而救脫(『華嚴經』「初發心功德品」)
>
> 생각의 경계가 험하고도 깊은 줄을 아시고 신통을 드러내 구제하고 해탈케 하시니

② 而

'而' 또한 병렬에 널리 쓰이는 연사인데, 그 쓰임이 매우 유동적이라는 특징이 있다.

> 9-9 法寶普照而雨甘露(『維摩詰所說經』「佛國品」)
>
> 진리의 보배로 (세상을) 두루 비추고 감로를 비처럼

---

44) '且'는 시간을 나타내는 데에도 쓰이는데, 11장 (2)에서 다루었다.

내리니

9-10 剃除鬚髮, 而被法服.(『妙法蓮華經』「序品」)

　　　수염과 머리칼을 깎고 법복을 입었습니다.

'而'는 '且'와 비슷하게 앞 구절보다 한층 더 강화된 의미를 갖는 뒤의 구절을 서로 연결시키기도 한다.

9-11 淸淨好歌聲, 聽之而不著(『妙法蓮華經』「法師功德品」)

　　　맑고도 좋은 노랫소리를 들으면서도 집착하지 않고

9-12 此了知心, 旣不知內而能見外(『楞嚴經』권1)

　　　이 환히 아는 마음은 이미 안을 알지 못하면서도 밖을 볼 수 있으니

위 예문의 '聽之而不著'은 '聽之且不著'으로, '旣不知內而能見外'는 '旣不知內且能見外'로 바꾸어 쓸 수 있다. 그런데 이런 '而'의 용법을 살짝 비틀면 역접의 뜻을 나타내게 된다. 즉 서로 상반되는 두 구절을 이어줄 수도 있다는 말이다. 이때는 '오히려, 그러나, 그럼에도' 따위의 의미를 갖는다.

9-13 ——毛端, 悉能容受一切世界而無障礙(『華嚴經』「世主妙嚴品」)

　　　하나하나의 털끝은 모두 모든 세계를 다 담고 있으나 아무 걸림이 없고

9-14 遙聞是衆聲, 而不壞耳根.(『妙法蓮華經』「法師功德品」)

멀리서 이 온갖 소리를 다 들어도 귀를 헐지 않네.

또한 '而'는 두 동사 사이에 쓰여서 앞과 뒤의 동작이나 행위를
연결하기도 한다. 이때 앞의 동작이나 행위는 일종의 수단 또는 이
유가 되고, 뒤의 것은 목적이 된다.

9-15 所以者何? 一切賢聖皆以無爲法而有差別.(『金剛經』)

그 까닭이 무엇이겠습니까? 일체의 성현들은 모두 무
위법으로써 설하므로 (범부들과) 차별이 있기 때문입
니다.

9-16 佛此夜滅度, 如薪盡火滅, 分布諸舍利, 而起無量
塔.(『妙法蓮華經』「序品」)

이 밤에 부처님께서 멸도하시고 땔나무가 다해 불이
꺼지자 모든 사리를 고루 나누어서 한량없는 탑을 세
웠다.

위 예문에서 '以無爲法而有差別'의 '以'를 개사로 보고 해석할
수도 있는데, 엄밀하게 말해 여기서는 '쓰다, ~로써 하다'는 뜻의
동사로 쓰였다. 따라서 '而'는 앞의 동사 '以'와 뒤의 동사 '有'를 연
결하여 수단과 목적의 관계를 나타낸다. 이런 용례에서 알 수 있듯
이 '而' 앞의 구절이 부사어처럼 기능하는 경우가 있는데, 이는 '而'
가 부사와 동사 사이에 놓여 연결함을 의미한다.

9-17 若菩薩心住於法而行布施(『金剛經』)

　　만약 보살이 그 마음을 법에 머물면서 보시를 한다면

9-18 世尊默然而不制止.(『妙法蓮華經』「方便品」)

　　세존께서는 잠자코 계시면서 말리지 않으셨다.

9-19 淸淨妙寶以爲其輪, 衆色雜華而作瓔珞(『華嚴經』「世主妙
　　嚴品」)

　　청정하고 오묘한 보배를 바퀴로 삼고, 온갖 색의 갖가
　　지 꽃으로 영락을 만들어

(3) 순접

　　두 구절이나 두 문장을 순조롭게 이어가는 것을 순접이라 하
는데, 대략 두 가지가 있다. 하나는 일의 선후로서, 어떤 일이 먼
저 일어나고 그 뒤에 다른 일이 일어난 것을 나타내는 것이다. 이
런 순접에 쓰이는 연사로는 '卽, 則, 乃, 遂, 於是, 然後, 而' 따위
가 있다. 또 하나는 인과 관계를 나타내는 것이다. 원인을 나타내
는 연사로는 '因, 以, 由' 따위가 있고, 결과를 나타내는 연사로는
'故, 是故, 是以' 따위가 있다.

① 선후

　　'卽'과 '則'은 부사로서 '곧, 바로' 등의 의미로 널리 쓰이는데, 연

사로 쓰일 때는 '~하고서 바로, ~하면 곧'으로 해석된다.

> 9-20 佛知其念, 卽告之言.(『維摩詰所說經』「佛國品」)
> 부처님께서는 그 생각을 아시고 바로 일러 말하셨다.
> 9-21 菩薩隨其直心則能發行, 隨其發行則得深心 ⋯ 是故
> 寶積, 若菩薩欲得淨土, 當淨其心, 隨其心淨則佛土
> 淨.(『維摩詰所說經』「佛國品」)
> 보살이 그 곧은 마음을 따르면 곧 올바른 행을 일으킬
> 수 있고, 일어난 올바른 행을 따르면 곧 깊은 마음을
> 얻고 ⋯ 이런 까닭에 보적아, 만약 보살이 정토를 얻고
> 자 한다면 마땅히 그 마음을 깨끗이 해야 하나니, 깨끗
> 해진 그 마음을 따르면 곧 불토가 깨끗해지느니라.

위 둘째 예문에서 '則'은 앞 구절을 조건절로 만드는 듯하다. 앞
의 행위나 동작이 이루어지면 그 뒤의 사태가 일어난다는 것을 말
하기 때문이다. 그러나 이는 보편적인 이치나 일반적으로 통용되
는 현상을 말하고 있기 때문에 그렇게 여겨질 뿐이다. '若菩薩欲
得淨土'에서처럼 '若'이 쓰이는 분명한 조건절과 견주어 보면 그
차이가 확연해지는데, 아래 예문과 견주어 보라.

> 9-22 是諸衆生, 若心取相, 則爲著我人衆生壽者.(『金剛經』)
> 이 모든 중생이 만약 마음으로 상을 취한다면, 곧바로
> 아상·인상·중생상·수자상에 집착하게 된다.

이 예문을 보면 조건을 나타내는 데 쓰이는 '若'과 달리 '則'은 시간을 나타낸다는 사실이 한결 분명해지지 않는가? 따라서 '卽'이나 '則'은 조건을 지시하기보다 오히려 시간적으로 거의 동시적임을 나타낸다고 보는 것이 타당하다. 실제로 불교경전에서는 그렇게 쓰이는 경우가 매우 많다. 또 이 시간적 동시성이 부각되면 두 사물이나 현상을 동격으로 만들기도 하는데, 『반야심경』의 "色卽是空, 空卽是色"(색이 곧 공이요, 공이 곧 색이다)이 그렇게 쓰인 대표적인 사례다.

'乃' 또한 '卽, 則'과 비슷하게 쓰여 '~하면 곧, ~하면 이내' 등의 의미로 해석된다.

9-23 若人精進, 常修慈心, 不惜身命, 乃可爲說.(『妙法蓮華經』「譬喻品」)

　　　만약 어떤 사람이 정진하며 늘 자비심을 닦고 몸과 목숨을 아끼지 않는다면 곧 (그에게는) 설해 줄 수 있다.

또 '乃'는 '비로소'라는 뜻으로 해석되기도 한다.

9-24 雖成就一切法而離諸法相, 乃可取食.(『維摩詰所說經』「弟子品」)

　　　비록 모든 법을 성취하더라도 온갖 법상을 떠나야 비로소 밥을 먹을 수 있다.

9-25 佛爲業障諸衆生, 經於億劫時乃現(『華嚴經』「世主妙嚴品」)

부처님께서는 업장이 있는 모든 중생을 위해서 억겁의
세월을 지나고서야 비로소 몸을 드러내시어

'然後' 또한 일이 일어난 선후를 나타내는 데 널리 쓰인다.

9-26 以大悲心讚于大乘, 念報佛恩, 不斷三寶, 然後說
法.(『維摩詰所說經』「弟子品」)
크나큰 자비심으로 대승을 기리고 부처님 은혜를 갚을
생각을 하며 삼보를 끊지 않은 뒤에야 법을 설합니다.

9-27 若生於艾, 何藉日鏡光明相接然後火生?(『楞嚴經』권3)
만약 쑥에서 (불이) 생긴다면, 어찌하여 해와 거울에
빛이 서로 닿은 뒤에야 불이 생기겠느냐?

드물게나마 '而後'도 쓰인다.

9-28 如先立基堵, 而後造宮室(『華嚴經』「菩薩問明品」)
먼저 터를 닦고 담을 세우고 그런 뒤에 궁실을 조성하
듯이

이렇게 '而'가 '後'와 결합되어 '然後'처럼 쓰이는 것은 '而'가 본
래 동작이나 행위를 이어주는 구실을 하기 때문이다. 실제로 '而'
가 단독으로 쓰여서 '~하고나서, ~한 뒤에'로 해석되기도 한다.

9-29 爾時妙焰海天王, 承佛威力, 普觀一切自在天衆, 而說頌言.(『華嚴經』「世主妙嚴品」)

이때 묘염해 천왕이 부처님의 위신력을 받아 자재천의 모든 대중을 두루 보고나서 게송으로 설하였다.

9-30 已無心意無受行, 而悉摧伏諸外道.(『維摩詰所說經』「佛國品」)

이미 마음도 뜻도 없고 지각도 욕구도 없어진 뒤에 모든 외도를 꺾어 굴복시키셨다.[45]

② 인과

원인이 앞에 오고 결과가 뒤에 오는 문장에서는 '以, 凶, 由, 故, 是故, 是以' 따위의 연사가 쓰인다.[46]

9-31 諸有貧窮者, 現作無盡藏, 因以勸導之, 令發菩提心.(『維摩詰所說經』「佛道品」)

모든 빈궁한 자에게는 마르지 않는 곳간이 되어 그것으로 권하고 이끌어 보리심을 내게 하네.

9-32 佛無量劫廣修治, 一切法力波羅蜜, 由是能成自然力,

---

45) 원문의 '受行'은 五蘊 가운데 受蘊(느낌이나 지각)과 行蘊(욕구나 의지)을 각기 가리킨다.

46) '以'에 대해서는 8장 (2)에서 자세하게 살폈는데, 거기서 '以'가 원인이나 이유를 나타내는 데 쓰인다는 사실도 다루었다.

普現十方諸國土.(『華嚴經』「世主妙嚴品」)

부처님께서는 한량없는 겁 동안 모든 법을 다스릴 역바라밀을 널리 닦으셨으니, 이리하여 자연의 힘을 이루어 시방의 모든 국토에 두루 나타나시네.

위 둘째 예문의 '治'는 칠언에 맞추느라 첫째 구절에 있으나 실제로는 둘째 구절의 '一切法'을 목적어로 받는 동사다. 그리하여 '治一切'은 '力波羅蜜'을 수식하여 하나의 명사구가 되고, 이 명사구를 동사 '修'가 목적어로 받는다. 오언이나 칠언으로 된 게송의 해석에서는 이런 점을 잘 살필 필요가 있다. 위에서 쓰인 '由是'는 '以是'로 바꿀 수도 있는데, 그럴 경우에는 '이리하여'가 아닌 '이로써'로 해석되어 수단이나 방법을 나타내게 된다. 아래에서 보게 될 '是以'가 인과와 관련된 연사다.

9-33 今佛現光亦復如是, 欲令衆生咸得聞知一切世間難信之法, 故現斯瑞.(『妙法蓮華經』「序品」)

지금 부처님이 광명을 나타내신 일 또한 이와 같으니, 중생들이 모두 모든 세간이 믿기 어려워하는 법을 듣고 알게 하려 했기 때문에 이런 상서로운 일을 나타내신 것입니다.

9-34 又此病起皆由著我. 是故於我不應生著.(『維摩詰所說經』「文殊師利問疾品」)

또 이 병이 생긴 것은 모두 '나'에 집착했기 때문입니다. 그러므로 '나'에 대해서도 집착을 내서는 안 됩니다.

9-35 何以故, 欲氣麤濁腥臊交遘膿血雜亂, 不能發生勝淨妙明紫金光聚. 是以渴仰從佛剃落.(『楞嚴經』권1)

어찌하여 그런가 하면, 애욕의 기운은 거칠고 탁하며 비린내와 누린내가 뒤얽히고 고름과 피가 어지러이 뒤섞인 것이어서 빼어나게 깨끗하고 오묘하게 밝은 자금색 빛들을 낼 수가 없기 때문입니다. 그런 까닭에 목마르게 우러르며 부처님을 좇아서 머리를 깎았습니다.

여기서 잠깐 불교한문에서 특징적으로 보이는 '故'의 용법에 대해 살펴보겠다. 9-33의 예문에서 볼 수 있듯이 '故'는 일반적으로 결과를 나타내는 구절에 쓰이는 연사다. 그런데 불교한문에서는 원인을 나타내는 구절에 붙어서 쓰이는 일이 많다.[47]

9-36 破法不信故, 墜於三惡道(『妙法蓮華經』「方便品」)

법을 깨뜨리고 믿지 않기 때문에 삼악도에 떨어질 것이니

9-37 衆中之糟糠, 佛威德故去.(『妙法蓮華經』「方便品」)

대중 가운데서 술지게미 같은 자들은 부처님의 위덕 때문에 가버렸느니라.

---

47) 6-32, 7-19, 8-31, 8-60, 9-1 등의 예문에서도 그런 용례를 볼 수 있다.

9-38 法無有我, 離我垢故. 法無壽命, 離生死故.(『維摩詰所說
    經』「弟子品」)
    법에는 '나'라는 것이 없으니, '나'라는 티끌(번뇌)을
    여의었기 때문입니다. 법에는 수명이 없으니, 생사를
    여의었기 때문입니다.

위 셋째 예문에서는 앞 구절이 결과를 나타낸다는 사실을 뒤 구
절의 '故'를 통해서 알 수 있다. '故'가 이유나 원인을 표시하기 때
문이다. 이러한 '故'가 '以'와 호응해서 나타나는 경우도 많은데, 이
또한 불교한문의 특성이다. [48]

9-39 非大涅槃, 非常非樂非我非淨, 以是俱非世出世故.(『楞
    嚴經』권4)
    대열반도 아니고, 상도 아니고 낙도 아니고 아도 아니
    고 정도 아니고, 이 모두 세간법도 출세간법도 아니기
    때문이니라.
9-40 如來但以一佛乘故, 爲衆生說法, 無有餘乘若二若
    三.(『妙法蓮華經』「方便品」)
    여래께서는 다만 일불승만 가지고서 중생을 위해 법을
    설하실 뿐 이승이나 삼승 같은 다른 법은 없느니라.
9-41 我以方便引導汝故, 生我法中.(『妙法蓮華經』「譬喩品」)

---

48) 이에 대해서는 8장 (2)에서 '以'에 대해 다루면서 간단하게 언급한 바 있다.

내가 방편으로써 그대들을 이끌었기 때문에 (그대들이)
내 법 가운데서 태어났느니라.

　'故'는 또 '爲'와도 호응하여 쓰이는데, 이때는 이유를 나타내기
도 하고 목적을 나타내기도 한다. 아마도 이는 '爲'가 이유와 목적
두 가지를 표시하기 때문일 것이다. 그런데 불교경전에서는 목적
을 주로 나타낸다. 이는 불교가 깨달음을 구하거나 중생을 제도하
려는 목적을 강력하게 내세우기 때문이라 여겨진다.

9-42　是法皆爲一佛乘故.(『妙法蓮華經』「方便品」)
　　　　이 법은 모두 일불승을 위하려는 것이다.

9-43　佛於無邊大劫海, 爲衆生故求菩提, 種種神通化一切
　　　　(『華嚴經』「世主妙嚴品」)
　　　　부처님께서 가없는 대겁해에서 중생을 위해서 보리(깨
　　　　달음)를 구하시고 갖가지 신통으로 일체를 교화하셨으
　　　　니

9-44　若一切衆生病滅則我病滅. 所以者何? 菩薩爲衆生故,
　　　　入生死(『維摩詰所說經』「文殊師利問疾品」)
　　　　만약 모든 중생의 병이 사라지면 내 병도 사라집니다.
　　　　까닭이 무엇이겠습니까? 보살은 중생을 위하기 때문
　　　　에 생사에 들어가니

　위 둘째 예문의 '중생을 위해서'를 셋째 예문처럼 '중생을 위하

기 때문에'로, 또 셋째 예문의 '중생을 위하기 때문에'를 둘째 예문처럼 '중생을 위해서'로 바꾸어 표현해도 문법적으로나 의미상으로 아무런 문제가 없다. 이는 부처님이나 여래, 보살의 경우에 '중생을 위한 일'이 그 존재이유이자 목적이기 때문일 것이다. '爲~故'가 특이하게 불교경전에서만 표현되는 것이 불교철학에서 말미암은 것이라고 단정하기는 어렵겠지만, 부정하기 어려운 것도 사실이다.

(4) 전환

앞 문장과 뒤의 문장이 반대되는 관계를 나타내거나 의미의 전환을 나타내는 연사들이 있다. '而, 然, 但, 況' 따위가 그렇게 쓰인다.[49] 이 연사들은 '그러나, 그렇지만, 다만, 하물며'로 해석된다.

> 9-45 然汝等便發阿耨多羅三藐三菩提心, 是卽出家, 是卽具
> 足.(『維摩詰所說經』「弟子品」)
> 그러나 그대들이 곧장 아뇩다라삼먁삼보리심을 일으
> 킨다면, 이것이 곧 출가요, 이것이 곧 구족입니다.
> 9-46 云何而有受苦受樂, 端正醜陋, 內好外好, 少受多受,
> 或受現報, 或受後報? 然法界中, 無美無惡.(『華嚴經』「菩

---

49) '而'의 역접에 대해서는 이 장 (2)의 ②에서 이미 다루었으므로 여기서는 생략한다.

薩問明品」)

어찌하여 괴로움을 받는 것과 즐거움을 받는 것, 깔끔하고 반듯한 것과 못나고 엉성한 것, 안으로 좋은 것과 밖으로 좋은 것, 적게 받는 것과 많이 받는 것, 혹은 현세에 과보를 받는 것과 혹은 후세에 과보를 받는 것이 있습니까? 그러나 법계 안에서는 아름다움도 없고 추함도 없습니다.

9-47 吾止此室十有二年, 初不聞說聲聞辟支佛法, 但聞菩薩 大慈大悲不可思議諸佛之法(『維摩詰所說經』「觀衆生品」)

내가 이 방에 머문 지 12년인데, 처음부터 성문과 벽지불의 법은 듣지 못했고, 다만 보살의 대자대비하고 불가사의한 모든 부처님의 법은 들었습니다.

'但'의 경우에 연사가 아니라 부사로도 자주 쓰이고 그 의미가 비슷하므로 잘 살펴야 한다. 부사로 쓰일 때는 동사나 술어를 강조하는 구실을 할 뿐, 문장의 흐름을 전환시키는 구실은 하지 않는다. 아래 예문을 보라.

9-48 諸佛如來, 但敎化菩薩. 諸有所作常爲一事, 唯以佛之 知見示悟衆生.(『妙法蓮華經』「方便品」)

모든 부처님 여래는 보살을 교화하실 뿐이다. 부처님들이 하시는 일은 늘 한 가지를 위한 것이니, 오직 부처님의 지견을 중생에게 보여 깨닫게 하는 것이니라.

위 예문에서 '但'은 부사로서 '敎化菩薩'(보살을 교화한다)이라는 구절을 수식하며 그 의미를 강조하고 있다. '但'과 뜻이 비슷한 '唯'는 이어지는 구절 '以佛之知見示悟衆生' 전체를 강조한다. '以佛之知見'만 강조한다고 보지 않는 이유는 바로 앞의 '爲一事'(한 가지를 위함) 때문이다. 이처럼 강조의 대상이나 범위는 문맥에 따라 판단해야 한다.

> 9-49 尙能現此難思事, 況大饒益自在力!(『華嚴經』「賢首品」)
> 오히려 생각하기 어려운 이런 일도 나타내시거늘 하물며 크게 이로운 자재력이랴!
>
> 9-50 以我此物周給一國, 猶尙不匱, 何況諸子!(『妙法蓮華經』「譬喻品」)
> 내가 가진 이것들을 온 나라 사람들에게 두루 나누어 주더라도 오히려 다 없어지지 않는데, 하물며 내 아들들에게 주는 것쯤이랴!

위 예문에서 '何況'은 직역하자면 '어찌 하물며'가 되는데, 굳이 '何'를 번역할 것 없이 하나의 관용구로 보아도 무방하다. 실제 그렇게 곧잘 쓰인다. '猶尙'은 '오히려, 여전히'라는 뜻으로, 한 어휘처럼 쓰이기도 한다.

(5) 양보와 가정

양보를 나타내는 연사로는 '雖'와 '縱'이 있는데, '비록 ~해도, 가령 ~하더라도, ~하지만' 따위로 해석된다.

9-51 雖爲白衣, 奉持沙門淸淨律行, 雖處居家, 不著三界, 示有妻子, 常修梵行, 現有眷屬, 常樂遠離(『維摩詰所說經』「方便品」)

비록 흰옷 입은 재가자이지만 사문의 청정한 율행을 받들어 지니고, 속가에 살지만 삼계에 집착하지 않으며, 처자가 있음을 보이지만 늘 범행을 닦고, 권속이 있음을 드러내지만 늘 멀찌감치 떨어져 있음을 즐기며

9-52 是諸比丘, 雖阿羅漢, 軀命不同, 云何一人能令衆飽?(『楞嚴經』권1)

이 모든 비구들이 비록 아라한일지라도 몸이 같지 않은데, 어찌하여 한 사람이 먹어서 뭇 사람을 배부르게 할 수 있겠습니까?

9-53 縱觀如來靑蓮花眼, 亦在佛面; 我今觀此浮根四塵, 祇在我面(『楞嚴經』권1)

여래의 푸른 연꽃 같은 눈을 살펴보아도 부처님 얼굴에 있고, 제가 이제 이 감각기관을 살펴보아도 다만 제 얼굴에 있으니

'雖'가 이끄는 절이 '而'로 유도될 수도 있다. 이때 '而'는 반대되는 의미를 나타낸다.

9-54 雖見十方普入中, 而實無來無所入.(『華嚴經』「華藏世界品」)

비록 시방 세계가 그 속에 두루 들어감을 보지만, 실제로는 오는 것도 없고 들어가는 것도 없다네.

9-55 貪著利養, 雖復讀誦衆經而不通利, 多所忘失.(『妙法蓮華經』「序品」)

이익을 늘리는 데 탐착하므로 비록 뭇 경전을 독송하더라도 통달하지 못하고 잊어버리는 것이 많다.

가정을 나타내는 연사로는 '若, 設, 假' 등이 쓰인다.[50]

9-56 譬如有人, 欲於空地, 造立宮室, 隨意無礙, 若於虛空, 終不能成.(『維摩詰所說經』「佛國品」)

비유하자면 어떤 사람이 빈 땅에 궁실을 지으려 한다면 뜻대로 해도 장애가 없으나, 만약 허공에 지으려 한다면 끝내 이룰 수 없는 것과 같느니라.

9-57 若有衆生堪受法, 佛威神力開導彼(『華嚴經』「世主妙嚴品」)

---

[50] 일반적인 한문에서는 가정의 연사로 '苟, 如, 使' 따위도 쓰이는데, 불교한문에서는 거의 쓰이지 않는다.

만약 어떤 중생이 기꺼이 법을 받아들인다면, 부처님의 위신력으로 그를 깨우쳐 이끄시어[51]

9-58 設身有苦, 念惡趣衆生, 起大悲心(『維摩詰所說經』「文殊師利問疾品」)

설령 몸이 괴롭더라도 악취의 중생을 생각하여 대자비의 마음을 일으키고

9-59 設得受記, 不亦快乎!(『妙法蓮華經』「授學無學人記品」)

가령 수기를 받는다면, 이야말로 기쁘지 않겠는가!

그런데 '假'는 단독으로 쓰이기보다 '假使'의 형태로 널리 쓰이며, 가끔 '假令'이 쓰이기도 한다. 이는 아마도 불교경전에서는 '假'가 '거짓, 헛되다, 임시로' 따위의 의미로 널리 쓰이므로 혼동되지 않도록 하려는 의도에서 비롯된 것이 아닐까 생각한다. '使'와 '令'은 본래 조건을 유도하거나 가정에 쓰였기 때문에 '假使, 假令'은 일종의 복합어로 볼 수 있다.

9-60 假使滿世間, 皆如舍利弗, 盡思共度量, 不能測佛

---

51) '佛威神力開導彼'에 대해 본문에서는 '佛威神力'을 주어가 아닌 부사어로 보고 번역했다. 만약 '佛威神力'을 주어로 보고 번역한다면 '부처님의 위신력이 그를 깨우쳐 이끄시어'가 되는데, 이는 문법적으로 이미 적절하지 않다. 행위의 주체가 '威神力'이 될 수 없기 때문이다. 그렇다면, '佛'을 주어로, '위신력'을 부사어로 보고, '부처님이 위신력으로써 그를 깨우쳐 이끄시어'로 번역하는 것은 문법적으로나 의미상으로 적절해 보인다. 다만, 이렇게 번역하는 것은 예문 자체만 보았을 때는 가능하다. 그러나 본문이 포함된 경전의 문맥 안에서는 본문에서 번역한 것이 타당하다.

智.(『妙法蓮華經』「方便品」)

가령 세간을 가득 채운 (사람들이) 모두 사리불처럼 생각을 다하여 함께 헤아리더라도 부처의 지혜는 헤아릴 수 없느니라.

9-61 假使有人以一切樂具, 供養東方阿僧祇世界所有衆生, 經於一劫, 然後敎令淨持五戒(『華嚴經』「初發心功德品」)

가령 어떤 사람이 일체의 즐길 거리를 가지고 동방의 아승기 세계에 있는 모든 중생에게 공양하며 일겁을 지나고, 그런 뒤에 오계를 청정하게 지니도록 가르치며

9-62 假令一切佛, 於無量億劫, 讚歎其功德, 猶尙不能盡.(『維摩詰所說經』「佛道品」)

가령 모든 부처님이 한량없는 억겁 동안에 그 공덕을 찬탄하더라도 여전히 다할 수 없으리라.

제10장 포괄과 한정

'모든, 모두, 다, 각각, 오직, 어떤' 따위는 포괄하거나 한정하는 개념을 갖는 말들이다. 이러한 뜻을 갖는 '諸, 皆, 悉, 一切, 咸, 俱, 各, 唯, 獨, 或, 有' 등은 명사나 명사구를 수식하기도 하고 동사를 수식하기도 하면서 피수식어를 포괄하거나 한정한다. 아래에서는 이들의 용법에 대해 살펴보겠다.[52]

(1) 포괄

① 諸

불교한문에서 '諸'(모든, 여러)는 '諸佛'의 형태로 널리 쓰인다. '諸佛'은 '모든 부처 또는 여러 부처'를 뜻하는데, 이렇듯 '諸'는 단순히 숫자상으로 총합을 나타낸다기보다는 특정한 집합의 전부를 나타낸다.

10-1 如來善護念諸菩薩, 善付囑諸菩薩.(『金剛經』)

---

52) '有'에 대해서는 4장 (5)에서 다루었다.

여래는 모든 보살을 잘 호념하시고 모든 보살에게 잘 부촉하십니다.

위에서 '諸'는 '菩薩'을 수식하는 관형사로 쓰여 '보살'이라는 존재를 한정하면서 보살 '전체'를 포괄하고 있다. '諸'가 수식하는 대상은 사람에 한정되지 않는다. '諸世間'이나 '諸邪見' 따위에서 볼 수 있듯이 공간이나 관념까지 두루 수식한다.

10-2 皆是阿羅漢, 諸漏已盡, 無復煩惱, 逮得己利, 盡諸有結, 心得自在.(『妙法蓮華經』「序品」)
이들은 모두 아라한이어서 모든 번뇌가 이미 다하여 다시는 번뇌가 없고 자신의 이로움을 얻었으며, 모든 삶의 속박도 다하여 마음에 자재함을 얻었느니라.

'諸'가 '諸漏'에서는 '번뇌'를, '諸有結'에서는 '有結'(삶의 속박)을 각각 포괄하는 의미로 쓰였다. 이렇게 특정한 집합의 '전부'를 나타내기도 하지만, '전부'를 포괄하지 않고 그 '일부'이지만 '꽤 많은 수'를 나타내기도 한다.

10-3 大智本行皆悉成就, 諸佛威神之所建立.(『維摩詰所說經』「佛國品」)
(그들 대비구와 보살들은) 부처님께서 갖추신 지혜와 이를 얻기 위한 수행을 모두 성취했는데, 그것은 여러

부처님의 위신력으로 이루어진 것이었다.

10-4 降伏魔怨, 制諸外道(『維摩詰所說經』「佛國品」)

원수 같은 마구니를 항복시키고 무수한 외도를 제압하였으며

위에서 '諸佛'은 문맥상으로 모든 부처님 가운데 '일부'로 보는 것이 타당하다. '諸外道' 또한 '모든 외도'라 번역해도 크게 틀리지는 않으나, 문맥으로 보자면 '많은 외도' 또는 '무수한 외도' 정도로 해석하는 것이 합당하다.

10-5 彼諸菩薩, 於佛敎中, 云何修習, 令諸如來皆生歡喜, 入諸菩薩所住之處, 一切大行皆得淸淨, 所有大願悉使滿足, 獲諸菩薩廣大之藏, 隨所應化, 常爲說法, 而恒不捨波羅蜜行, 所念衆生咸令得度, 紹三寶種, 使不斷絶, 善根方便皆悉不虛?(『華嚴經』「明法品」)

저 모든 보살이 부처님 가르침 가운데서 어떻게 닦아야 모든 여래가 다 환희를 일으키고, 모든 보살이 머무는 곳에 들어가며, 일체의 크나큰 행이 다 청정해지고, 크나큰 서원이 다 채워지며, 모든 보살의 광대한 지혜를 얻고, 교화할 곳에서 언제나 설법을 하면서 늘 바라밀행을 버리지 않으며, 마음에 둔 중생을 모두 제도시키고, 삼보의 종자를 이어 끊어지지 않게 하며, 선근과 방편 모두 헛되지 않게 할 수 있습니까?

위 예문에는 '諸' 외에도 '一切, 皆, 悉, 咸' 따위가 함께 쓰여 비슷하게 포괄을 나타내고 있다. 모두 '전부'를 뜻하는 글자로서, 불교한문에서 널리 쓰인다. 이 글자들에 대해서도 아래에서 살펴보겠다.

② '皆'와 '悉'

'皆'와 '悉'은 둘 다 '모두, 다'를 뜻하며, 일차적으로 부사로 쓰인다. '皆'는 대개 주어가 복수인 동사나 명사 술어 앞에 놓인다.

10-6 眉間光明, 照于東方, 萬八千土, 皆如金色(『妙法蓮華經』「序品」)

미간에서 나온 광명이 동방을 비추니, 1만 8천 국토가 모두 금빛이 되어

10-7 一切衆生居處屋宅, 皆於此中現其影像(『華嚴經』「世主妙嚴品」)

모든 중생이 머무는 곳과 집들이 모두 이 속에서 그 모습을 드러내고

위 예문에서 '皆'는 둘 다 복수의 주어를 받는다. 첫째 예문에서는 앞의 '萬八千土'를, 둘째 예문에서는 '一切衆生居處屋宅'을 받고 있다. '皆'가 복수의 주어를 받지 않는 경우도 있으나, 내포된 의미는 별로 달라지지 않는다. 오히려 '皆'로 말미암아 복수임이

부각된다.

10-8 以是因緣, 地皆嚴淨, 而此世界, 六種震動(『妙法蓮華經』「序品」)

이러한 인연으로 말미암아 땅은 모두 장엄 청정해지고 이 세계가 여섯 가지로 진동하매

10-9 摩尼寶王而爲其網, 如來自在神通之力所有境界, 皆從中出(『華嚴經』「世主妙嚴品」)

마니 보배가 그 그물을 이루자 여래의 자재한 신통력이 지닌 경계가 모두 그 가운데서 솟아나왔는데

'地皆'에서 '地'는 복수를 나타내지 않지만, '皆'를 통해 '온 땅, 모든 땅 곳곳'을 의미한다는 점이 분명하게 드러났다. 둘째 예문의 '境界' 또한 그렇다. '皆'는 또 앞에 놓인 주어가 아니라 목적어를 지시하기도 한다.

10-10 無量功德皆成就, 無量佛土皆嚴淨(『維摩詰所說經』「佛國品」)

한량없는 공덕을 모두 성취하고 한량없는 불국토를 모두 장엄 청정히 하고

10-11 所有一切衆生之類, 若卵生若胎生若濕生若化生, 若有色若無色, 若有想若無想, 若非有想非無想, 我皆令入無餘涅槃而滅度之.(『金剛經』)

존재하는 모든 중생들 즉 알에서 태어난 것, 태에서 태어난 것, 축축한 데서 태어난 것, 갑자기 태어난 것, 형태가 있는 것, 형태가 없는 것, 의식이 있는 것, 의식이 없는 것, 의식이 있지도 않고 없지도 않는 것, 나는 이 모든 것들이 무여열반에 들게 하여 멸도하리라.

위 첫째 예문에서 '無量功德'과 '無量佛土'가 주어 자리에 놓여 있기는 하지만, 실제로는 각각 '成就'와 '嚴淨'의 목적어다. 강조를 위해 앞에 놓였을 뿐이다. 따라서 '皆'도 앞에 놓인 목적어를 지시한다. 둘째 예문에서도 문장 전체의 목적어는 앞에 놓여 있다. '皆'가 주어 '我'와 사역 동사 '令' 사이에 놓여 있기는 하지만, '皆'의 지시 대상은 주어 '我'가 아니라 그 앞에 길게 서술된 구절이다. 즉 '所有~無想'까지를 지시하며, 이것이 목적어다. 문장 끝의 '之' 또한 이 긴 구절을 지시한다. 그리고 '皆'가 '令'의 목적어이면서 뒤에 나오는 동사 '入'의 주어로 구실하고 있다는 사실에도 주의를 기울일 필요가 있다.

'悉'도 그 쓰임이 '皆'와 거의 같다.

10-12 如來悉知悉見, 是諸衆生得如是無量福德.(『金剛經』)
　　　여래는 다 알고 다 보나니, 이 모든 중생이 이와 같이 한량없는 복덕을 얻을 것임을.

10-13 始在佛樹力降魔, 得甘露滅覺道成, 已無心意無受行,

而悉摧伏諸外道.(『維摩詰所說經』「佛國品」)

처음에 보리수 아래에서 힘으로 마구니를 항복시키고 감로 같은 열반을 얻어 깨달음을 이루셨을 때, 이미 마음에 의식이 없고 지각과 욕구도 없으면서 모든 외도를 모조리 굴복시키셨네.

위에서 '悉'은 뒤에 놓인 동사 '知'와 '見'과 '摧伏'을 각각 수식하면서 '남김이 없다, 빠뜨림이 없다'는 뜻을 드러내고 있다. 아래 예문에서처럼 주어를 지시하기도 한다.

10-14 一切菩薩髻中妙寶, 悉放光明而來瑩燭.(『華嚴經』「世主妙嚴品」)

모든 보살의 상투 속 오묘한 보배가 모두 광명을 내어 환한 등불로 다가왔다.

아래 예문에서는 '悉'이 앞이나 뒤에 오는 목적어를 지시하고 있다.

10-15 永滌一切煩惱心垢, 悉能成就一切善根(『華嚴經』「明法品」)

마음의 때인 모든 번뇌를 영원히 씻어버리고 모든 선근을 다 성취할 수 있으며

10-16 是冷是熱有毒無毒悉能遍知(『楞嚴經』권5)

이 찬 것과 뜨거운 것, 독 있는 것과 독 없는 것을 모

두 두루 알았고

'皆'와 '悉'은 그 뜻과 쓰임이 거의 같기 때문에 종종 붙어서 '皆悉'이나 '悉皆'처럼 쓰이기도 한다. 이는 넉 자나 다섯 자로 글자 수를 맞추려는 데서 비롯된 것으로 생각된다.

10-17 臨欲終時而命其子幷會親族國王大臣刹利居士, 皆悉已集, 卽自宣言.(『妙法蓮華經』「信解品」)
(그 아비는) 죽음을 앞두었을 때에 아들에게 명하여 친족들과 국왕, 대신, 찰리종, 거사 들을 모으게 했고, 모두 다 모인 뒤에 곧바로 직접 알렸다.

10-18 所說上妙法, 是妙光法師, 悉皆能受持.(『妙法蓮華經』「序品」)
설하신 오묘한 법을 이 묘광 법사가 모두 다 받아 지니느니라.

위 첫째 예문의 '其子'는 '命'(명하다)의 목적어이면서 '會'(모으다)의 주어으로 구실하고 있다. 그리고 '皆悉'은 앞서 나온 '其子幷親族國王大臣刹利居士'를 지시하여 주어로 구실하고 있다. 주의할 것은 마지막 구절 '卽自宣言'의 주어는 문장에 나타나지 않은 '그 아비'라는 사실이다. 그리고 둘째 예문의 '悉皆'는 주어 '是妙光法師' 앞에 놓여 있는 이 문장의 목적어 '所說上妙法'을 지시하고 있다.

③ 一切

불교한문에서 독특하게 또 널리 쓰이는 '一切'가 있다. 주로 뒤에 오는 명사를 수식한다.

10-19 一切菩薩亦皆愛敬(『華嚴經』「明法品」)
　　　모든 보살들도 다 사랑하고 공경하며
10-20 我應滅度一切衆生, 滅度一切衆生已, 而無有一衆生
　　　實滅度者.(『金剛經』)
　　　나는 모든 중생을 멸도한다 하였으나 모든 중생을
　　　다 멸도하고 나니 참으로 멸도한 자가 한 중생도 없
　　　었느니라.

위의 예문에서 '一切'는 '諸'와 의미에서뿐만 아니라 쓰임새에서도 거의 같음을 보여준다. 실제로 위의 '一切'를 '諸'와 바꾸어 쓰더라도 아무런 문제가 없다.
또 '一切'는 '모든 이, 모든 것'을 뜻하는 명사로도 쓰인다.

10-21 汝爲世間眼, 一切所歸信, 能奉持法藏, 如我所說法,
　　　唯汝能證知.(『妙法蓮華經』「序品」)
　　　그대는 세간의 눈이며, 모든 사람들이 귀의하고 믿는
　　　바이므로 법의 곳집을 잘 받들어 지닐 것이니, 내가
　　　설한 법을 오직 그대가 깨달아 알리라.

10-22 旣見大聖以神變, 普現十方無量土, 其中諸佛演說法, 於是一切悉見聞.(『維摩詰所說經』「佛國品」)

이미 보았습니다. 위대한 성인께서 신통한 변화로써 시방의 한량없는 국토에 두루 모습을 나타내어 그 가운데서 모든 부처님이 법을 설하시고 거기서 모든 이들이 다 보고 듣는 것을.

위 예문에서 '一切'는 각각 '所歸信'과 '悉見聞'의 주어로 쓰였다. 또 아래 예문에서처럼 목적어로 쓰이기도 한다.

10-23 布施是菩薩淨土, 菩薩成佛時, 一切能捨衆生來生其國.(『維摩詰所說經』「佛國品」)

보시가 보살의 정토이니, 보살이 성불할 때 모든 것을 버릴 수 있는 중생이 그 나라에 와서 사느니라.

10-24 法王法力超群生, 常以法財施一切(『維摩詰所說經』「佛國品」)

법왕의 법력은 뭇 생명을 뛰어넘어 늘 부처님의 법을 모든 이에게 베푸시며

'一切能捨衆生'은 주어인데, '一切能捨'가 '衆生'을 수식하는 형태다. '一切能捨'는 또 '一切'가 동사 '捨'의 목적어로 되어 있는 구조다. '施一切'에서도 '一切'는 '施'의 목적어로 쓰였다.

'一切'가 '諸'와 결합하여 쓰이는 일도 있다. 역시 글자 수를 맞

추기 위한 것으로 볼 수 있는데, 의미가 강조되는 기능도 있다.

10-25 一切諸世尊, 皆說一乘道.(『妙法蓮華經』「方便品」)
　　　 일체의 모든 세존께서 다 일승도를 설하시니라.

④ 咸

포괄을 지시하는 부사로 '咸'(모두, 다)도 널리 쓰인다. 먼저 주어를 지시하는 경우를 보자.

10-26 爾時比丘比丘尼優婆塞優婆夷及諸天龍鬼神等咸作此
　　　 念.(『妙法蓮華經』「序品」)
　　　 그때 비구·비구니·우바새·우바이 및 여러 하늘·
　　　 용·귀신 들도 모두 이렇게 생각했다.

위의 '咸'은 앞에 나오는 복수의 주어를 지시하는데, 이 같은 쓰임은 '皆'와 거의 같다. 그리고 '咸'은 그것이 지시하는 주어와 떨어져서 쓰이기도 한다. 아래 예문을 보라.

10-27 復以摩尼而爲其果, 含輝發焰, 與華間列, 其樹周圓,
　　　 咸放光明.(『華嚴經』「世主妙嚴品」)
　　　 또 마니로 된 그 열매가 빛을 머금고 불꽃을 내며 꽃
　　　 들 사이에 벌여서는 그 나무 둘레에 모두 광명을 내

뿜고 있었다.

'其果'는 '爲'의 목적어이면서 이어지는 구절들 즉 '含輝發焰'과 '與華間列'의 주어이기도 하다. 따라서 '咸放光明'의 '咸'이 '其果'를 지시한다는 사실을 알 수 있다. '咸'이 이렇게 지시하는 대상과 떨어져 쓰인다는 것은 단독으로 쓰여 주어 구실을 할 수도 있음을 암시한다.

10-28 　或値怨賊繞, 各執刀加害, 念彼觀音力, 咸卽起慈
　　　　心.(『妙法蓮華經』「觀世音菩薩普門品」)
　　　　원한 품은 도적들이 에워싸서 각각 칼을 들고 해치려
　　　　하더라도, 저 관음보살을 염하는 힘이면 저들 모두
　　　　곧바로 자비심을 일으키리라.

10-29 　時維摩詰問衆菩薩言:“諸仁者, 誰能致彼佛飯?”以文
　　　　殊師利威神力故咸皆黙然.(『維摩詰所說經』「香積佛品」)
　　　　이때 유마힐이 여러 보살들에게 물었다. “여러분, 누
　　　　가 저 향적 부처님 나라에 가서 밥을 얻어 올 수 있습
　　　　니까?” 문수사리의 위신력 때문에 모두 다 입을 다문
　　　　채 말이 없었다.

위에서 '咸'이 문맥상으로 볼 때 각각 앞서 언급된 '怨賊'과 '衆菩薩'을 지시하고 있음을 분명히 알 수 있는데, 문법적으로는 단독으로 주어 구실을 한다고 보아도 무리가 없다. 이 경우에는 부사가

명사로 쓰였다고 말할 수 있다. 그리고 위의 '咸皆'는 자주 쓰이는 표현은 아니지만, '咸'과 '皆'가 의미로나 쓰임에서 유사하기 때문에 붙어 쓰인 것이다. '咸'이 목적어로 쓰인다는 사실도 그 점을 확인해 준다.

10-30 智入諸相, 了法空寂, 三世諸佛所有神變, 於光明中,
靡不咸睹(『華嚴經』「世主妙嚴品」)
지혜는 모든 형상에 들어가 법이 비어 고요함을 깨달으며 삼세의 모든 부처님이 지니신 신통 변화를 그 광명 가운데서 어느 하나 보지 않음이 없게 되고

위의 예문에서 '咸睹'는 '睹咸'이 도치된 표현이다. '咸'은 앞의 '三世諸佛所有神變'을 지시하며, '睹'(보다)의 목적어로 쓰였다.

⑤ 俱

본래 '俱'(함께, 같이)는 주어가 사람이든 물건이든 '둘'일 경우에 쓰이는데, 불교한문에서는 꼭 그렇지 않다. '둘 이상'으로 이루어진 주어와 함께 쓰일 뿐만 아니라 심지어 매우 많은 수를 나타내기도 한다.

10-31 時有梵王名曰嚴淨, 與萬梵俱, 放淨光明, 來詣我
所.(『維摩詰所說經』「弟子品」)

그때 엄정이라는 이름의 범왕이 일만 범천과 함께 맑은 광명을 내뿜으면서 제 처소에 왔습니다.

위 예문에서 '俱'는 '梵王'과 '萬梵'을 지시하는데, 문장에서 표현된 주어는 둘이다. 그러나 그 범위는 '둘 이상'의 매우 많은 복수다. 일반적인 한문에서도 둘 이상을 나타내지만, 그렇더라도 대체로 적은 수를 나타낼 뿐이며 이처럼 매우 많은 수를 나타내지는 않는다.

'俱'는 또 단순히 많은 수를 포괄하는 데 그치지 않고, 포괄된 주체가 행동을 함께 한다는 뜻도 포함한다. 이것이 '皆, 悉, 一切' 따위와 다른 점이다.

10-32 於光明中, 雨摩尼寶, 摩尼寶內, 有諸菩薩, 其衆如雲, 俱時出現.(『華嚴經』「世主妙嚴品」)

광명 가운데서 마니보배가 비처럼 쏟아졌고 마니보배 안에는 수많은 보살들이 있었는데, 그 뭇 보살들이 구름처럼 함께 동시에 출현하였다.

10-33 爾時十六王子, 皆以童子出家而爲沙彌, 諸根通利, 智慧明了, 已曾供養百千萬億諸佛, 淨修梵行, 求阿耨多羅三藐三菩提, 俱白佛言.(『妙法蓮華經』「化城喩品」)

그때 열여섯 왕자는 모두 동자로서 출가하여 사미가 되었으니, 모두 근기가 탁 트이고 지혜가 밝았으며 이미 백천만 억 부처님을 공양한 적이 있었는데 범

행을 깨끗하게 닦아 아뇩다라삼먁삼보리를 구하려고
함께 부처님께 아뢰었다.

‘俱’가 위 첫째 예문에서는 앞에 나오는 ‘諸菩薩’과 ‘其衆’을 지시
하고, 둘째 예문에서는 맨 앞의 ‘十六王子’를 지시한다. 물론 ‘其
衆’은 곧 ‘諸菩薩’을 가리키므로 동격이다. 이렇게 ‘俱’는 포괄하는
주체들이 행동을 같이 할 때에 잘 쓰인다. 또 주어가 사람이 아닌
경우에도 쓰인다.

10-34 於後舍宅, 忽然火起, 四面一時, 其炎俱熾(『妙法蓮華
經』「譬喩品」)
그 집 뒤쪽에서 갑자기 불이 일어 사방에서 동시에
불길이 한꺼번에 타오르니

‘俱’는 바로 앞의 ‘其炎’을 받는데, ‘其炎’은 ‘하나의 불길’이 아니
라 ‘四面之炎’(사방의 불길)이기 때문에 ‘俱’가 쓰인 것이다.
덧붙이자면, 불교경전에서 ‘俱’는 ‘함께하다, 함께 있다’라는 뜻
의 동사로도 널리 쓰인다. 아래 예문을 보라.

10-35 一時佛在舍衛國祇樹給孤獨園,　與大比丘衆
千二百五十人俱.(『金剛經』)
한때 부처님께서는 사위국의 기수급고독원에 계셨는
데, 대비구의 무리 천이백오십 인과 함께 계셨다.

⑥ 各

'各'(각자, 낱낱이)은 늘 부사로 쓰이며 주어를 지시한다. '各'은 특
정한 무리의 개별 구성원이나 그 구성원 전체를 하나로 묶는 구실
을 한다.

10-36 其最後佛未出家時, 有八王子, 一名有意, 二名善意,
三名無量意, 四名寶意, 五名增意, 六名除疑意, 七
名嚮意, 八名法意, 是八王子, 威德自在, 各領四天
下.(『妙法蓮華經』「序品」)
그 마지막 부처님이 출가하시기 전에 여덟 왕자가 있
었으니, 첫째는 유의, 둘째는 선의, 셋째는 무량의,
넷째는 보의, 다섯째는 증의, 여섯째는 제의의, 일곱
째는 향의, 여덟째는 법의로, 이 여덟 왕자는 위덕이
자재하여 각자 사천하를 다스렸다.

위에서 '各'은 앞의 '八王子'라는 범위 안에 든 사람들 각각을 가
리킨다. 아래 예문에서처럼 가끔 사람이 아닌 경우에도 쓰인다.

10-37 ——毛端, 悉能容受一切世界, 而無障礙, 各現無量神
通之力(『華嚴經』「世主妙嚴品」)
하나하나의 털끝은 모든 세계를 다 담고 있으나
아무 걸림이 없고, 낱낱이 한량없는 신통력을 드

러내어

위에서 '各'은 앞에 나오는 '一一毛端'을 낱낱으로 가리킨다. 또 '各各'도 자주 쓰이는데, '저마다, 따로따로'라는 뜻을 갖는다.

10-38 佛以一音演說法, 衆生各各隨所解, 普得受行獲其利
(『維摩詰所說經』「佛國品」)
부처님은 한 음성으로 법을 설하시지만, 중생은 저마다 이해한 바를 따라서 두루 받아 행하며 그 이익을 얻으니

(2) 한정

① 唯

'唯'(오직, 다만)는 아래 예문에서처럼 주어를 한정하는데, 아울러 강조하는 의미도 있다.

10-39 唯佛與佛, 乃能究盡諸法實相(『妙法蓮華經』「方便品」)
오직 부처와 부처라야 제법의 실상을 남김없이 궁구할 수 있나니
10-40 唯我知是相, 十方佛亦然(『妙法蓮華經』「方便品」)

오직 내가 이 형상을 알고 있고 시방의 부처님들 또
한 그러하니

'唯'는 아래 예문에서처럼 어떤 방식이나 까닭을 한정하는 데에
도 쓰인다.

10-41 云何名諸佛世尊, 唯以一大事因緣故, 出現於世?(『妙法
蓮華經』「方便品」)
어찌하여 모든 부처님 세존께서는 오로지 일대사인연
이라는 이유에서만 세상에 출현하신다고 말하느냐?

10-42 我觀世間六塵變壞, 唯以空寂修於滅盡(『楞嚴經』 권5)
저는 세간의 육진[53]이 변하고 무너지는 것을 관찰하
고 오직 비어 고요한 마음으로 멸진정(滅盡定)을 닦아

위 둘째 예문의 '以'는 '空寂'을 목적어로 받는 개사로서 방식이
나 방법을 나타낸다. '唯'는 그 방식이나 방법을 한정하면서 강조
하고 있다. '滅盡'은 '멸진정(滅盡定)'을 가리키며, 마음과 마음의
작용을 소멸시켜 무심(無心)의 상태에 머물게 하는 선정이다.
또한 '唯'는 동사나 술어를 수식하면서 목적이나 대상을 강조하
는 데에도 쓰인다.

---

53) '육진(六塵)'은 여섯 가지 감각기관인 육근(六根)의 대상이 되는 색(色)·성
(聲)·향(香)·미(味)·촉(觸)·법(法) 여섯 가지를 가리킨다. 육근과 육진이 서
로 작용하여 온갖 번뇌가 일어난다고 한다.

10-43 唯願世尊, 哀愍我等, 開示演說.(『華嚴經』「如來現相品」)

세존께서 저희를 불쌍히 여기시어 열어 보이고 설해
주시기를 원할 뿐입니다.

10-44 唯置一床, 以疾而臥.(『維摩詰所說經』「文殊師利問疾品」)

침상 하나만 놓아두고서 거기에 아픈 몸을 눕혔다.

② 獨

'獨'(홀로, 혼자)은 '獨覺'(혼자 깨달은 자)으로 표현되는 것처럼 형
용사로 쓰여 명사를 수식하기도 하지만, 대체로 주어를 한정하는
부사로 널리 쓰인다.

10-45 故佛於十方, 而獨無所畏.(『妙法蓮華經』「方便品」)

그러므로 부처님 홀로 시방에서 두려워하는 것이 없
느니라.

10-46 其王一子, 名曰月蓋, 獨坐思惟, '寧有供養殊過此
者?'(『維摩詰所說經』「法供養品」)

그 왕의 아들 가운데 하나인 월개만 홀로 앉아 이렇
게 생각했다. '어찌 이보다 더 훌륭한 공양이 있겠는
가?'

일반적으로 부사는 동사나 형용사를 수식하므로 위의 예문에서
도 '獨'이 각각 '無'(없다)와 '坐'(앉다)를 수식하는 것으로 볼 수 있

다. 특히 10-45에서는 '獨'이 주어와 멀찌감치 떨어져 있으므로 그렇게 이해하기 쉽다. 이 또한 잘못된 해석은 아니다. 그렇다면 번역자나 해석자가 선택해야 한다. 이 예문의 '獨'이 강조하는 바가 무엇인지 말이다. 시방세계에서 부처님만 두려워하는 것이 없다는 말인지, 아니면 시방세계에는 부처님이 두려워할 것이 없다는 말인지. 둘째 예문의 '獨坐'를 해석할 때도 마찬가지다. 대체로 '獨坐'를 '홀로 앉아서'라고 번역하는데, 너무 밋밋하다. 『유마힐소설경』 내에서 위 예문을 보면, 그 앞에 '1천 명의 왕자'가 거론되고 있다. 그 많은 왕자들 가운데 단 한 사람 '월개 왕자'만이 홀로 생각에 잠긴 것을 위 예문은 드러내고 있다. 따라서 '獨'은 앞의 '월개 왕자'를 지시하면서 강조하고 있다고 보아야 마땅하다. 여기서는 두 예문의 '獨'이 모두 앞에 나오는 주어를 한정하는 것으로 보고 번역했다. 아래 예문에 나오는 '獨'은 더욱더 혼동할 수 있으므로 잘 살펴야 한다.

10-47 文殊師利旣入其舍，見其室空，無諸所有，獨寢一床.(『維摩詰所說經』「文殊師利問疾品」)
　　　 문수사리는 그 집에 들어간 뒤에 방은 텅 비어 아무것도 없고 (유마힐만) 홀로 침상에 누워 있는 것을 보았다.

위 예문의 '寢'은 '눕다'라는 뜻의 동사로 쓰였다. 따라서 얼핏 보면, '獨'이 '寢'을 수식하여 '혼자 누워 있다'로 번역될 듯하지만, 그렇지 않다. '혼자 누워 있다'로 번역하면, 다른 사람들도 있는데 누워 있는 사람이 '유마힐 혼자'라는 의미가 된다. 또 '獨寢一床'을 '침상 하나만 있는 것'으로 번역하는 경우도 있는데, 이는 '寢'과 '一床'을 모두 명사로 보고 그것을 '獨'이 한정하는 것으로 본 셈이다. 이 또한 잘못이다. 현장(玄奘) 번역의 『설무구칭경(說無垢稱經)』[54]을 보면, "唯無垢稱獨寢一床"(오직 무구칭만 홀로 침상에 누워 있었다)라고 되어 있다. 따라서 위 예문의 '獨'은 문장 안에서는 언급되지 않은 '유마힐'을 한정하는 의미로 쓰였음이 분명하다.[55]

'獨'은 둘도 셋도 아닌 '단 하나'를 의미하므로 강조하기 위해서 쓰이기도 한다.

10-48 唯我一人於阿耨多羅三藐三菩提, 獨得解脫(『華嚴經』「十行品」)

오직 나 한 사람만이 아뇩다라삼먁삼보리로써 홀로 해탈할 수 있으니

위 예문은 '唯我一人, 獨得解脫'(오직 나 한 사람만이 홀로 해탈할

---

54) '무구칭(無垢稱)'은 유마힐을 가리키는 또 다른 이름이다. 유마힐은 소리대로 한역한 것이라면, 무구칭은 뜻으로 한역한 것이다. 따라서 '설무구칭경'도 '유마힐소설경'과 같은 경전을 가리킨다. 유마힐의 또 다른 이름으로 '정명(淨名)'도 있다.

55) 흔히 한문에서는 주어가 생략되는 일이 많다고 하는데, 본문의 예문도 그러한 경우다. 이처럼 문장 내에 주어가 없더라도 앞이나 뒤의 문장을 통해 유추해야 하는 경우가 많은 것이 한문의 한 특성이다. 불교한문이라고 해서 예외는 아니다.

수 있으니)로 줄여서 표현해도 문제가 없는 문장이다. 이를 염두에 두면, '獨'이 주어를 지시하기 위해서라기보다는 강조하기 위해 쓰였다고 볼 수 있다. 물론 주어와 사이에 '於阿耨多羅三藐三菩提'가 놓여 있으므로 '獨'이 주어를 지시하는 것이라 보아도 무리는 없지만, 그럼에도 역시 강조의 의미가 더 크다고 말할 수 있다.

아래 예문들에서처럼 주어를 한정한다거나 강조한다고 보기 어려운 경우도 있다. 그저 어떤 상황이나 상태를 표시하고 있다고 말할 수 있다.

10-49　我獨經行時, 見佛在大衆, 名聞滿十方, 廣饒益衆生
(『妙法蓮華經』「譬喩品」)
내가 혼자 수행하며 다닐 때에 부처님께서 대중 가운데 계심에도 그 명성이 시방에 가득하고 중생을 널리 이롭게 하시는 것을 보고

10-50　我寧獨受如是衆苦, 不令衆生墮於地獄(『華嚴經』「十廻向品」)
내가 차라리 이와 같은 중생의 고통을 혼자 받아서 중생으로 하여금 지옥에 떨어지지 않게 할 것이며

③ 或

'或'은 어떤 집합의 한 구성원 또는 전체의 일부를 가리키는 데 쓰인다.

10-51 佛以一音演說法, 或有恐畏或歡喜, 或生厭離或斷疑
(『維摩詰所說經』「佛國品」)

부처님은 한 가지 음성으로 법을 설하시지만, 어떤
이는 두려워하고 어떤 이는 기뻐하며, 어떤 이는 싫
어서 떠나고 어떤 이는 의혹을 끊으니

10-52 或見無礙智慧身, 三世平等如虛空(『華嚴經』「世主妙嚴
品」)

어떤 이는 걸림 없는 지혜의 몸을 보는데, 그 몸은 삼
세에 평등하여 허공과 같아서

10-53 或有行施, 金銀珊瑚, 眞珠摩尼, 車磲馬腦, 金剛諸珍,
奴婢車乘, 寶飾輦輿, 歡喜布施(『妙法蓮華經』「序品」)

어떤 이는 보시를 행하되, 금과 은과 산호, 진주와 마
니보주, 차거와 마노, 금강석과 갖가지 보배, 사내종
과 계집종과 수레들, 보배로 장식한 가마 따위를 기
쁘게 보시하며

위에서 '或'은 부처님의 가르침을 듣는 이나 그 가르침을 좇아서
수행하는 이, 또는 불자들 가운데 '어떤 사람'을 가리킨다. 또 '或'
은 비슷한 의미를 갖는 '有'와 결합해서 쓰이기도 한다.

10-54 或有於佛光明中, 復見諸佛現神通(『華嚴經』「世主妙嚴
品」)

어떤 이는 부처님의 광명 가운데서 또 모든 부처님이

드러낸 신통을 보고

10-55 所得功德, 我若具說者, 或有人聞, 心則狂亂狐疑不
信.(『金剛經』)
얻을 수 있는 공덕을 내가 만약 자세히 말한다면, 어
떤 사람은 듣고 마음이 미쳐 흐트러지거나 의심스러
워하며 믿지 않을 것이다.

'或'은 주어가 아니라 동사나 술어를 수식하면서 '어느 때는, 때
때로, 이따금' 등의 뜻으로 쓰이기도 한다.

10-56 或示老病死, 成就諸群生(『維摩詰所說經』「佛道品」)
어느 때는 늙고 병들어 죽는 것을 보여주어 모든 중
생을 깨닫게 하니

제11장 완료와 시간

한문에서는 과거·현재·미래 또는 어떤 상황의 종결이나 경험의 여부를 나타내기 위해 특별한 글자가 덧붙는다. 불교한문에서는 대체로 '旣, 未, 已, 畢, 嘗, 曾, 將, 始, 初, 今, 當' 등이 붙어서 사건이나 행위의 시제 또는 시간을 나타낸다.

(1) 완료

① 旣

'旣'는 본래 '다하다, 끝나다'라는 뜻의 동사였는데, 동사 앞에 놓여 동작의 완료를 나타내는 부사로도 널리 쓰인다. 이때는 '이미'라는 뜻으로 해석된다.

11-1 旣知病本, 卽除我想及衆生想, 當起法想(『維摩詰所說經』「文殊師利問疾品」)
　　　병의 근본을 이미 알았다면 곧바로 나라는 생각과 중생이라는 생각을 없애고 법이라는 생각을 마땅히 일으

켜야 하리니

11-2 汝等旣已知, 諸佛世之師, 隨宜方便事, 無復諸疑惑(『妙
法蓮華經』「方便品」)

너희는 세상의 스승인 부처님들이 알맞게 방편을 쓰신
일을 이미 다 알아 다시는 어떠한 의혹도 없어

위 첫째 예문의 '이미 알았다면'을 '안 뒤에는'으로, 둘째 예문의
'이미 다 알아'를 '다 안 뒤에는'으로 번역해도 의미상 아무런 문제
가 없을 뿐만 아니라 오히려 더 깔밋하게 느껴지기도 한다. 이는
'旣'가 완료를 나타내기 때문이다. 따라서 '旣'를 문맥에 따라서는
'먼저, ~하고서, ~한 뒤에, ~하고 나서'와 같이 번역하는 것이
적절할 때도 많다.[56]

11-3 世尊旣讚歎, 令妙光歡喜, 說是法華經(『妙法蓮華經』「序
品」)

세존께서는 이렇게 먼저 찬탄하시어 묘광보살을 기쁘
게 하고서 이 법화경을 설하시는데

---

56) 물론 이것이 문법적인 번역이 아니라고 비난받을 수 있다. 그러나 해석이라
는 점에서 접근하면, 본래 뜻에 더 가깝게 다가갈 수 있어서 오히려 권장할
만한 번역이 된다고 말할 수 있다. 불교경전은 그 의미가 실로 깊고 미묘한
경우가 많으므로 번역을 단순히 문법적인 변환으로만 여겨서는 곤란할 경우
가 많다. 더구나 한문과 한국어는 문장의 구조나 표현에서 큰 차이가 있지
않은가. 그러니 제대로 해석해서 번역한다면, 원문과는 문법적으로 얼마든
지 달라질 수 있는 법이다. 또 그렇게 해야만 당대에 쓰이는 언어로 표현할
수 있어 널리 읽힐 수 있지 않겠는가.

위에서 '旣'는 '讚歎, 令妙光歡喜'를 아울러 수식한다. 즉 '讚歎'과 '令妙光歡喜'는 원인과 결과의 관계에 있으면서 거의 동시적으로 일어난 사건이기 때문이다. 게다가 그런 일이 있고나서 『법화경』을 설하시니, 더욱더 그렇게 볼 수 있다.

11-4 此了知心, 旣不知內而能見外(『楞嚴經』권1)
　　　이 환히 아는 마음은 안을 알지 못하고서 밖은 볼 수 있으니

11-5 欲海漂淪具衆苦, 智光普照滅無餘, 旣除苦已爲說法(『華嚴經』「世主妙嚴品」)
　　　애욕의 바다에 빠져 온갖 고통 다 받으므로 지혜의 광명을 두루 비추어 (그 고통) 남김없이 없애시고, 그 고통 없앤 뒤에 설법을 하시니

위의 '旣除苦已'에서는 '旣'와 같은 의미를 갖는 '已'가 함께 쓰였다. 칠언에 맞추기 위해 거듭 쓰인 것이기도 하지만, 강조를 위해서 쓰인 것으로도 볼 수 있다. '已'에 대해서는 아래에서 다룬다.

② 已

'已' 또한 동사로는 '그치다, 끝나다'는 뜻을 갖는데, '旣'처럼 동사나 술어 앞에서 행위나 동작의 완료를 지시하는 데에도 널리 쓰인다.

11-6 悉已清淨, 永離蓋纏, 心常安住, 無礙解脫(『維摩詰所說經』「佛國品」)

(몸과 마음) 모두 이미 청정해져서 영원히 번뇌를 여의어 마음이 늘 편안하고 해탈에 아무런 걸림이 없어

11-7 目淨脩廣如靑蓮, 心淨已度諸禪定(『維摩詰所說經』「佛國品」)

눈은 맑고 길고 넓어서 푸른 연꽃과 같고, 마음은 맑아 모든 선정을 이미 넘으셨네.

위에서 '已'는 '淸淨'(청정해지다)과 '度'(건너다, 뛰어넘다)를 이미 끝냈음을 나타내고 있다. 이렇게 동사나 술어를 직접 지시하는 것이 일반적이지만, 아래 예문에서처럼 그 사이에 다른 구절이 끼어드는 경우도 있다.

11-8 已於諸法得自在, 是故稽首此法王(『維摩詰所說經』「佛國品」)

이미 모든 법에서 자재함을 얻으셨으니, 이런 까닭에 이 법왕께 머리를 조아립니다.

'已'와 '得' 사이에 '於諸法'이 끼어 있으나, '已'는 '得'을 지시한다. 또 앞서 11-5에서 보았듯이 '已'는 동사나 목적어 뒤에 붙어서 쓰이기도 하는데, 이때는 '旣'와 마찬가지로 '~한 뒤에, ~하고 나서'라고 번역할 수 있다.

11-9 　禮維摩詰足已, 忽然不現.(『維摩詰所說經』「弟子品」)

　　유마힐의 발에 예배한 뒤 갑자기 사라졌습니다.

11-10 　佛說此經已, 結加趺坐, 入於無量義處三昧(『妙法蓮華
　　經』「序品」)

　　부처님께서는 이 경을 다 설하신 뒤에 결가부좌를 하
　　시고 무량의처삼매에 드셨는데

11-11 　諸人聞已, 輕毀罵詈, 不輕菩薩, 能忍受之. 其罪畢已,
　　臨命終時(『妙法蓮華經』「常不輕菩薩品」)

　　모든 사람이 듣고 나서 업신여기며 헐뜯고 욕해도 불
　　경보살은 잘 참고 견디느니. 그 죄가 다한 뒤에 목숨
　　을 마칠 때가 되면

　위 셋째 예문에서 '聞已'의 '已'는 동작의 완결을 나타내는 조사
의 구실을 하는 것이지만, '畢已'의 '已'는 꼭 그런 용법으로 쓰였
다고만 보기 어렵다. 왜냐하면, '畢' 자체가 '마치다, 끝나다'는 뜻
을 갖는 동사이기 때문이다. 따라서 '畢已'에서 '已'는 완결을 나타
내면서 아울러 넉 자 구절을 맞추기 위해 덧붙은 것으로 볼 수 있
다. 이에 대해서는 아래 ③에서 다시 거론한다.

　이렇게 '已'나 '旣'와 달리 동작이나 행위의 미완료를 나타내는
것으로는 '未'가 있다. '未'에 대해서는 7장 (6)에서 다루었으므로
여기서는 생략한다.

③ 訖, 畢, 竟

동작의 완료나 사건의 종결을 나타내는 동사로는 '마치다, 끝나
다, 끝내다'는 의미를 가진 '訖, 畢, 竟, 了' 등이 있다.
먼저, '訖'이 동사로 쓰인 경우를 보자.

11-12　事訖就水, 當願衆生, 出世法中, 速疾而往.(『華嚴經』「淨
　　　　行品」)
　　　　(대소변을 보는) 일이 끝나고 물에 나아갈 때는 마땅
　　　　히 중생이 출세간법 가운데서 빨리 나아가기를 바랄지
　　　　어다.
11-13　所言未訖, 時維摩詰, 來謂我言(『維摩詰所說經』「菩薩品」)
　　　　말이 채 끝나기도 전에 그때 유마힐이 와서 저에게 말
　　　　했습니다.
11-14　還至本處, 飯食訖.(『金剛經』)
　　　　(세존께서는) 본래 자리로 돌아와서 밥 드시기를 마
　　　　치셨다.

위 셋째 예문의 '訖'을 '已'처럼 쓰인 것으로 보거나 보어로 보고
번역한 경우가 있는데, 그것은 '食'을 동사로 보았다는 뜻이다. 아
마 '飯食'을 '食飯'(밥을 먹다)의 도치로 보았는지도 모르겠다. 그러
나 아래 예문을 통해서도 알 수 있듯이 '訖'은 '끝나다, 마치다'라는
뜻의 동사로 쓰였다고 보고 '飯食'은 '밥 드시기'라는 명사구로서

'訖'의 목적어로 보는 것이 마땅하다. '食'은 명사로 쓰여 '밥'을 뜻
하면 '사'로 읽는다.

11-15 飯食已訖, 當願眾生, 所作皆辨, 具諸佛法.(『華嚴經』「淨
行品」)
밥 먹기를 마친 뒤에는 중생들이 제 일을 모두 다하고
모든 부처님의 법을 갖추기를 바라야 할 것이다.

11-16 然於餘處, 幻事已訖, 隱身不現(『華嚴經』「如來出現品」)
그런데 다른 데서 요술하는 일이 다 끝난 뒤에는 몸을
숨기고 나타나지 않나니

위의 예문에서 '已'는 동사 '訖'을 수식하는 부사이면서 넉 자 구
절을 맞추기 위해 붙은 것으로 볼 수 있다. 이는 '畢'이 쓰인 경우
에도 마찬가지다.

11-17 天報已畢, 衰相現前(『楞嚴經』 권9)
하늘의 과보가 다한 뒤에 쇠잔한 모양이 나타나자

11-18 從蓮華下, 至於佛所, 頭面敬禮二世尊足. 修敬已畢,
往智積所(『妙法蓮華經』「提婆達多品」)
연꽃에서 내려 부처님 처소에 이르러서 머리를 숙이
고 두 분 세존의 발에 예를 표하였다. 예를 표하는 일
이 끝난 뒤에는 지적보살이 있는 곳으로 가서

위 예문에서 볼 수 있듯이 '畢' 또한 주로 동사로 쓰임을 알 수 있다.

11-19 千劫於阿鼻地獄受大苦惱, 畢是罪已, 復遇常不輕菩薩教化阿耨多羅三藐三菩提.(『妙法蓮華經』「常不輕菩薩品」)
　　　천겁 동안 아비지옥에서 크나큰 고통을 받았으니, 이 죄과를 다 치른 뒤에 다시 아뇩다라삼먁삼보리를 가르치는 상불경보살을 만났느니라.

11-20 譬如行客投寄旅亭, 或宿或食, 食宿事畢, 俶裝前途不遑安住(『楞嚴經』권1)
　　　비유하자면 나그네가 여관에 몸을 붙여 자기도 하고 먹기도 하는데, 먹고 자는 일이 끝나면 편안히 머물 겨를이 없이 행장을 꾸려 길을 나서지만

아래 예문에서는 '畢'이 '已'처럼 쓰였다.

11-21 到已, 頭面禮足, 繞佛畢已, 一心合掌, 瞻仰世尊(『妙法蓮華經』「化城喩品」)
　　　다다른 뒤에는 머리를 숙이고 발에 예를 표하고서 부처님 주위를 돌고난 뒤에 일심으로 합장하고 세존을 우러러보며

'畢'은 '已'와 달리 주로 동사로 쓰이므로 위에서도 '繞佛'을 명사

구로서 "부처님 주위를 돌기"라고 해석하여 '畢'의 목적어로 볼 수도 있다. 예문 11-14와 11-15에서 쓰인 '飯食'처럼 말이다. 그러나 '飯食'과 달리 '繞佛'은 명사구로 쓰이는 경우가 없으므로 그렇게 보기 어렵다. 따라서 '繞佛'을 '동사+목적어' 구절로 보는 것이 타당하며, '已'가 동사나 목적어 뒤에 붙어서 종결이나 완료를 나타내는 구실을 하는 것처럼 같은 뜻을 가진 '畢' 또한 넉 자 구절을 맞추기 위해 덧붙인 것으로 보아야 한다.

'竟'도 기본적으로 종결이나 완료를 나타내는 동사로 쓰인다.

11-22 我從昔來, 終日竟夜, 每自剋責.(『妙法蓮華經』「譬喻品」)
　　　　저는 옛날부터 날이 다하고 밤이 다하도록 늘 스스로 책망했나이다.

11-23 所言未竟, 無數菩薩, 坐寶蓮華, 從海踊出, 詣靈鷲山, 住在虛空.(『妙法蓮華經』「提婆達多品」)
　　　　말이 채 끝나기도 전에 무수한 보살들이 보배 연화에 앉은 채 바다에서 솟아 나와 영취산에 이르러서는 허공에 머물러 있었다.

위의 예문에 나오는 '未竟'은 예문 11-13에도 나온 '未訖'과 의미나 쓰임이 거의 같다. 그런데 '未畢'은 불교경전에서는 거의 쓰이지 않는다.

불교한문에서 독특하게 쓰이는 표현으로 '畢竟, 究竟' 등이 있다. 둘은 뜻이 거의 같은데, 명사로도 쓰이고 부사로도 쓰인다. 명사로는 '궁극, 구극(究極), 절대, 최종적인 것, 궁극의 진리'를, 부사로는 '마침내, 끝내, 드디어'를 뜻한다. 부사로 쓰인 용례를 보면 아래와 같다.

11-24 敎無量菩薩, 畢竟住一乘.(『妙法蓮華經』「如來神力品」)
　　　한량없는 보살들을 가르쳐 끝내 일승에 머물게 하리라.

11-25 入胎受生, 成垢穢身, 畢竟至於髮白面皺(『華嚴經』「十無盡藏品」)
　　　태에 들어 생명을 받고 더러운 몸을 이루어서 마침내 백발의 쭈그렁이가 되기에 이르니

11-26 諸法究竟無所有, 是空義.(『維摩詰所說經』「弟子品」)
　　　모든 법이 결국에는 있는 바가 없으니, 이것이 공의 의미다.

(2) 시간

① 初

'初'는 '처음, 처음에, 처음으로'를 의미하는 부사로 쓰인다.

11-27 我等初見此土, 生下劣想.(『維摩詰所說經』「菩薩行品」)
　　　저희는 처음에 이 세계를 보았을 때 하찮고 보잘것없

다는 생각을 냈습니다.

11-28 功德自在王淨光菩薩摩訶薩, 得普見十方一切菩薩初
詣道場時種種莊嚴解脫門(『華嚴經』「世主妙嚴品」)
공덕자재왕 정광보살마하살은, 시방의 모든 보살이
처음 도량에 나아갈 때 갖가지로 장엄하는 것을 두루
보이는 해탈문을 얻었고

11-29 如彼長者, 初以三車誘引諸子, 然後但與大車寶物莊嚴
安隱第一(『妙法蓮華經』「譬喩品」)
저 장자가 처음에는 세 가지 수레로 여러 자식들을 꾀
어내고, 그런 뒤에 보배로 장엄한 가장 편안한 큰 수
레를 주었지만

11-30 我初出家, 常樂睡眠, 如來訶我爲畜生類(『楞嚴經』권5)
저는 처음 출가했을 때 늘 낮잠을 즐겼는데, 여래께
서 저에게 축생의 무리가 된다고 꾸짖으시어

그런데 아래 예문에서처럼 '初'는 과거의 경험을 나타내기도 한다.

11-31 我初不聞, 從何所來?(『維摩詰所說經』「囑累品」)
나는 이전에 들어본 적이 없는데, 어디서 온 것일까?

본래 '初'는 진행되던 사건을 잠시 멈추고 그 이전의 어떤 시점
으로 사건을 되돌릴 때 종종 문장 첫머리에 쓰이기도 한다. 고승들
의 전기(傳記)에서 특히 자주 볼 수 있는 용법이다. 과거의 경험을

나타내는 것도 이런 용법에서 비롯된 것이 아닐까 생각된다. 아래
예문은 과거의 사건으로 돌아가는 데 '初'가 쓰인 경우다.

11-32 初江東未有咒法, 密譯出孔雀王經, 明諸神咒.(『高僧傳』
권1)
이전에 강동에는 주문을 외는 법술이 없었는데, 백시
리밀다라(帛尸梨密多羅)가 『공작왕경』을 번역해내면서
여러 신묘한 주문을 밝혔다.

위에서 '密'은 서역 출신의 승려 '백시리밀다라'를 가리킨다.

② 始

'始'는 '처음, 처음에, 처음으로, 비로소'를 의미하며, 부사로 쓰
인다.

11-33 此諸衆生, 始見我身聞我所說, 卽皆信受, 入如來
慧.(『妙法蓮華經』「從地踊出品」)
이 모든 중생은 처음에 내 몸을 보고 내 설법을 듣고
는 곧바로 모두 믿고 받아들이더니 여래의 지혜에 들
어갔느니라.

11-34 香焰光幢菩薩摩訶薩, 得顯示現在一切佛始修菩薩行
乃至成就智慧聚解脫門(『華嚴經』「世主妙嚴品」)

향염광당보살마하살은 현재의 모든 부처님께서 보살
행을 처음 닦은 데서부터 지혜 더미를 성취하는 데까
지 드러내 보이는 해탈문을 얻었고

11-35 我等長夜, 持佛淨戒, 始於今日, 得其果報(『妙法蓮華經』
「信解品」)

저희는 긴긴 밤에 청정한 계율을 지키다가 비로소 오
늘에야 그 과보를 얻었으며

위 첫째 예문에서 '皆'는 동사 '信受'의 목적어로서, 앞에 나온
'我所說'을 지시한다. 셋째 예문의 '始'는 앞의 행위가 계기가 되어
서 오래도록 기다린 뒤에야 '처음으로'라는 뜻을 담고 있다. 그래
서 '비로소'라고 번역되었다.

'始'는 '初'와 의미가 같으므로 넉 자 구절을 맞추느라 함께 쓰이
는 경우도 종종 있다.

11-36 菩薩摩訶薩亦復如是, 初始獲得此三昧時, 則得十種廣
大智藏(『華嚴經』「十定品」)

보살마하살 또한 이와 같아서 이 삼매를 처음 얻었을
때에는 곧 열 가지 광대한 지혜의 곳간을 얻나니

'亦復'와 '獲得' 또한 넉 자 구절을 맞추느라 비슷한 의미를 가진
글자를 중첩한 것이다. 오늘날 우리말에서 '획득(獲得)'은 불교경전
의 번역어에서 왔음을 알 수 있다.

'未始'는 '未嘗'과 같은 의미로 쓰이기도 한다.

11-37 後照高原及大地, 而日未始有分別, 善逝光明亦如是
(『華嚴經』「如來出現品」)
나중에 고원과 대지를 비추나 해는 분별을 한 적이 없
는데, 선서[57]의 광명 또한 이와 같아서

③ 嘗

'嘗'은 본래 '맛보다, 시험하다'는 뜻의 동사인데, 동사 앞에 놓여
서 과거 시제를 나타내는 데 널리 쓰인다. 특히 경험의 여부와 관
련이 있다. 그런데 긍정문에서는 동사로서 본래의 뜻대로 쓰인다.
아래 예문을 보라.

11-38 若有嗅者, 鼻得淸淨, 若有嘗者, 舌得淸淨(『華嚴經』「如
來出現品」)
냄새 맡는 이가 있다면 코가 청정해지고, 맛보는 이가
있다면 혀가 청정해지고
11-39 若有得嘗如來法味, 舌得淸淨(『華嚴經』「如來出現品」)
여래의 법을 맛볼 줄 아는 이가 있다면 혀가 청정해
지고

---

57) 여래의 십호(十號) 가운데 하나.

불교경전에서 '嘗'이 과거 또는 경험을 나타낼 때는 주로 '未嘗'
이라는 부정의 형태로 쓰인다.

11-40 又見佛子, 未嘗睡眠, 經行林中, 懃求佛道(『妙法蓮華
經』「序品」)
또 보니 어떤 불자는 잠을 자는 적이 없이 숲속을 거
닐면서 부지런히 불도를 구하며

11-41 三世一切佛境界, 智慧善入悉周遍, 未嘗暫起疲厭心,
彼最勝者行斯道.(『華嚴經』「十行品」)
삼세의 모든 부처님의 경계에 지혜로 잘 들어가 두루
돌아다니매 잠시도 지친 마음을 일으킨 적 없나니, 저
가장 뛰어난 이가 이 길을 다닌다네.

④ 曾

'曾'은 '嘗'과 비슷한 의미를 가졌는데, '嘗'과 달리 긍정문에도
부정문에도 두루 쓰인다.

11-42 已曾供養無量諸佛, 深植善本(『維摩詰所說經』「方便品」)
이미 한량없는 부처님들께 공양하고 착한 뿌리를 깊
이 심은 적이 있으며

11-43 諸善男子, 我於過去諸佛曾見此瑞(『妙法蓮華經』「序品」)
모든 선남자들이여, 나는 과거세에 많은 부처님에게

서 이 상서로움을 본 적이 있나니

'嘗'이 부정문에서 '未嘗'의 형태로만 쓰이는 것과 달리 '曾'은 '未曾'과 '不曾' 모두 쓰인다.

11-44 雖實貧窮, 珠不曾失(『楞嚴經』 권4)
　　　참으로 가난하고 어렵더라도 구슬을 잃은 적이 없었
　　　으니
11-45 一一毛孔中, 億刹不思議, 種種相莊嚴, 未曾有迫
　　　隘.(『華嚴經』「世主妙嚴品」)
　　　하나하나의 털구멍 속에 불가사의한 억의 세계가 갖
　　　가지 모습으로 장엄한데, 비좁아 죄어든 적 없다네.

⑤ 今

'今'은 '이제, 지금'을 뜻한다. '今者'로도 표현되는데, 의미는 거
의 같다.

11-46 今自悔責, 捨離是心.(『維摩詰所說經』「菩薩行品」)
　　　이제 스스로 뉘우치며 그런 마음을 내버렸습니다.
11-47 今者世尊現神變相, 以何因緣而有此瑞?(『妙法蓮華經』
　　　「序品」)
　　　지금 세존께서 신통으로 변화한 모습을 나타내시는

데, 어떤 인연으로 이런 상서를 보이시는가?

'今'은 '이제부터'라는 뜻으로 쓰이기도 한다.

11-48 舍利弗, 我昔敎汝志願佛道, 汝今悉忘, 而便自謂已得
滅度. 我今還欲令汝憶念本願所行道故, 爲諸聲聞說是
大乘經(『妙法蓮華經』「譬喩品」)
사리불아, 내가 옛적에 너를 가르쳐 불도에 뜻을 두
고 바라도록 하였는데, 너는 이제 다 잊고 문득 스스
로 멸도를 이미 얻었다고 여기는구나. 나는 이제부터
네가 불도를 행하고자 했던 본래의 바람을 떠올렸으
면 해서 모든 성문을 위해 이 대승경을 설하노니

'汝今'의 '今'과 달리 '我今'의 '今'은 '이제부터'라는 기점(起點)을
나타낸다.

⑥ 將

'將'은 본래 '이끌다, 거느리다'라는 뜻을 가진 동사다.

11-49 當佛現此國土嚴淨之時, 寶積所將五百長者子皆得無
生法忍(『維摩詰所說經』「佛國品」)
부처님께서 이 국토의 장엄하고 깨끗함을 나타낼 때

보적이 이끄는 5백 장자의 아들들 모두 무생법인을
얻었고

'將'은 '~를 이끌거나 거느리고서 ~을 한다'는, 즉 어떤 구체적
인 행위를 하기 직전의 상황에서 쓰는 표현이기 때문에 미래를 표
시하게 된 것으로 생각된다. 이는 '將'이 수단이나 도구를 나타내
는 '以'와 통용되는 데서도 확인된다. 어쨌든 동사로서 본래의 쓰
임에 내포된 의미로부터 '이제 ~하려고 한다'라는 의미가 파생된
듯하다. 그리하여 미래를 나타내는 조사로 쓰이게 되었는데, 여기
에는 주어의 의지 또한 담겨 있다.

11-50 今待衆集將演音, 汝可往觀聞所說.(『華嚴經』「如來現相
品」)
이제 대중이 모이기를 기다려 법을 설하려 하니, 너
희는 가서 뵙고 설법을 들을지어다.

11-51 維摩詰將無惱我?(『維摩詰所說經』「菩薩品」)
유마힐이 나를 괴롭히지 않을까?

위에서 볼 수 있듯이 '將'은 부정을 나타내는 '非, 無, 不' 앞에
놓이는 경우가 종종 있는데, 이때는 '아마 ~하지 않을 것이다, 혹
시 ~하는 것은 아닐까'라는 뜻이 된다. 이는 단정을 피하는 완곡
한 판단을 표현한 것이다.

11-52 髮白面皺逮將不久.(『楞嚴經』권2)

　　머리칼은 희어지고 얼굴은 주름이 잡혀 아마도 오래
　　가지 못할 듯합니다.

11-53 初聞佛所說, 心中大驚疑, 將非魔作佛, 惱亂我心
　　耶?(『妙法蓮華經』「譬喩品」)

　　부처님께서 설하신 것을 처음에 들었을 때는 마음속
　　으로 크게 놀라며 의심하되, '마구니가 부처님이 되
　　어 내 마음을 괴롭히고 어지럽히는 것이 아닐까?' 하
　　고 생각했습니다.

　위 둘째 예문의 '將非'는 '魔作佛, 惱亂我心'을 명사구로 받으
며, '耶'는 의문이나 의심을 나타내기 위해 쓰였다.[58]

　⑦ 且

　'且'는 '將'과 같이 미래를 표시하는 글자인데, 불교경전에서는
주로 상황을 정리하거나 화제를 돌릴 때에 쓴다. 이때는 '잠시, 잠
깐, 일단' 따위의 의미로 해석된다.

11-54 且觀我家. 爾時, 善財見其舍宅, 淸淨光明, 眞金所
　　成.(『華嚴經』「入法界品」)

_____

58) '耶'에 대해서는 12장 (4)에서 다루었다.

잠깐 내 집을 보라. 그때 선재가 그 집을 보니, 맑고
깨끗하고 번쩍거리는 것이 진짜 금으로 지은 것이라.

11-55 佛子, 且置此喩. 假使有人, 以一切樂具, 供養十方十
阿僧祇世界所有衆生(『華嚴經』「初發心功德品」)

불자여, 이 비유는 잠시 제쳐두자. 가령 어떤 사람에
게 온갖 즐길거리로 시방의 열 아승기 세계에 있는
중생을 공양하고

11-56 其數無量不可稱計, 非口所宣, 非心所測, 且待須臾,
自當有證.(『妙法蓮華經』「提婆達多品」)

그 수는 한량없어 셀 수 없으므로 입으로 말할 바도
아니요 마음으로 헤아릴 바도 아니나, 일단 잠깐만
기다리면 저절로 증명될 것입니다.

'且'가 '잠깐, 잠시'처럼 매우 짧은 동안을 나타내기 때문인지 아
래에서 볼 수 있듯이 '이제, 지금'과 비슷한 의미로 쓰이기도 한다.

11-57 汝且觀是佛土嚴淨?(『維摩詰所說經』「佛國品」)

너는 이 불국토가 깨끗하게 장엄된 것을 이제 보고
있느냐?

⑧ 當

일반적으로 '當'은 '마땅히, ~해야 한다'라는 뜻으로 당위를 나

타내는 데 주로 쓰인다. 그런데 불교경전에서는 앞으로 일어날 일을 표시하는 데에도 쓰인다. 그러나 '將'과 달리 아무런 의지가 담겨 있지 않으며 그저 시제를 나타낼 뿐이다. 또 본래 '마땅하다'라는 뜻을 갖고 있었기 때문인지 마치 자연스럽게 일어날 것임을 암시하기도 한다.

11-58 是德藏菩薩, 次當作佛, 號曰淨身多陀阿伽度阿羅訶三藐三佛陀.(『妙法蓮華經』「序品」)
이 덕장보살은 다음에 부처가 될 것이며, 정신, 다타아가도, 아라하, 삼먁삼불타라 불리리라.

11-59 世尊授仁者記, 一生當得阿耨多羅三藐三菩提(『維摩詰所說經』「菩薩品」)
세존께서 그대에게 한 생을 더하면 아뇩다라삼먁삼보리를 얻을 것이라는 수기를 주셨다는데

11-60 諸佛子, 世界海有十種事, 過去現在未來諸佛, 已說現說當說.(『華嚴經』「世界成就品」)
모든 불자여, 세계 바다에는 열 가지 일이 있으니, 과거와 현재와 미래의 모든 부처님이 이미 설하셨고 지금 설하시고 앞으로도 설하실 것이니라.

'當作佛'과 '當得'에는 앞으로 또는 미래에 '마땅히 그렇게 될 것이다'라는 의미가 함축되어 있다. 이는 행위의 주체가 미래에 어떤 결과를 받을 만한 자격을 충분히 갖추었거나 준비를 했다는 사실

이 전제되어 있기 때문이다. 그런데 셋째 예문의 '當說'에서는 전혀 그런 뜻이 함축되지 않은 채 그저 미래 시제만을 나타내고 있음을 볼 수 있다. 이렇게 쓰인 예는 예문 8-4에서도 볼 수 있다.

11-61 爲一一衆生, 輪迴經劫海, 其心不疲懈, 當成世導師.(『華嚴經』「毘盧遮那品」)
낱낱의 중생을 위해서 겁의 바다를 돌고 돌아도 그 마음이 지치거나 게으르지 아니하면, 세상의 스승이 될 것이다.

11-62 此地一一微塵中, 一切佛子修行道, 各見所記當來刹, 隨其意樂悉淸淨.(『華嚴經』「華藏世界品」)
이 땅의 가는 티끌 하나하나 속에서 모든 불자들 도를 닦으며 행하니, 수기 받은 미래 세계가 그 즐거운 뜻에 따라 다 청정함을 본다네.

첫째 예문에서 '當'은 동사 '成'에 붙어서 미래를 나타내지만, 둘째 예문에서는 동사 '來'와 함께 하나의 어휘를 이루어 명사로 쓰였다. 이 '當來'는 '未來'와 같은 말인데, 여기에는 현재가 지나면 자연스레 오게 마련인 미래라는 뜻이 함축되어 있다. 이렇게 미래를 표시하는 것 외에도 '當'에는 시간과 관련해서 특별한 쓰임이 하나 더 있다. '바로 그 때'를 표시하는 데 쓰인다. 이 경우에 굳이 해석을 하지 않을 수도 있다. 이런 용법은 예문 11-49에서도 확인할 수 있다.

11-63 汝等當時因何開悟, 今成聖果?(『楞嚴經』권1)

너희는 바로 그때 무엇으로 말미암아 깨달아서 지금
성과를 이루었느냐?

11-64 汝當閉眼見暗之時, 此暗境界, 爲與眼對, 爲不對
眼?(『楞嚴經』권1)

네가 눈을 감고 어둠을 볼 때, 이 어둠의 경계가 눈과
마주하고 있느냐, 눈과 마주하지 않고 있느냐?

'當'이 '바로 그때'를 나타낼 때는 '時'가 뒤에 따라오는 경우가 대
부분이다. '當時'는 '卽時'와 뜻이 거의 같다.

제12장 문말 조사

문장 끝에 놓여서 문장의 양상을 나타내는 조사로는 '也, 矣, 耳, 而已, 乎, 耶, 哉' 따위가 있다. 이들 조사는 단정이나 확인, 완료, 제한, 의문, 감탄 따위를 나타낸다.

(1) 확인이나 단정

일반적인 한문과 달리 불교한문에서는 종결이나 확인을 나타낼 때 아무런 조사를 쓰지 않는 경우가 많다. 이는 앞서 든 수많은 예문들을 통해 확인할 수 있다. 물론 쓸 때에는 '也'를 가장 많이 쓴다. '也'는 판단을 내리는 문장, 즉 확인하거나 단정하는 문장의 끝에 쓰인다.

12-1 不必是坐爲宴坐也.(『維摩詰所說經』「弟子品」)
　　　앉아 있는 것이 꼭 좌선이 되지는 않습니다.
12-2 是我等咎, 非世尊也.(『妙法蓮華經』「譬喩品」)
　　　이는 우리의 허물이지, 세존의 허물이 아닙니다.

특히 주어가 '者'로 제시될 경우에는 술어가 되는 구절에 반드시 '也'를 쓴다.

12-3 願取佛國者非於空也.(『維摩詰所說經』「佛國品」)

불국토를 취하고자 바라는 자는 허공에서 (하는 것이) 아니다.

12-4 時王夫人法慧月者, 豈異人乎? 我身是也.(『華嚴經』「入法界品」)

그때 왕의 부인 법혜월이 어찌 다른 사람이겠느냐? 바로 이 몸이었다.

'者'를 쓰지 않는 경우에도 문장 끝에 '也'를 쓸 수 있다.

12-5 爾時妙光菩薩, 豈異人乎? 我身是也. 求名菩薩, 汝身是也.(『妙法蓮華經』「序品」)

그때 묘광보살이 어찌 다른 사람이겠습니까? 바로 이 몸입니다. 구명보살은 바로 그대입니다.

아래 예문에서처럼 앞에 원인이나 이유가 나오고 뒤에 결과가 따르는 문장에서는 '也'로 끝맺는다.

12-6 是身無常無强無力無堅速朽之法, 不可信也.(『維摩詰所說經』「方便品」)

이 몸은 덧없고 강하지 않으며 힘도 없고 단단하지 않으며 빨리 썩는 것이니, 믿을 수가 없습니다.

반대로 앞에 결과가, 뒤에 원인이나 동기, 이유 따위가 따르는 문장에서도 '也'가 끝을 맺는다.

12-7 所以者何? 佛身者卽法身也.(『維摩詰所說經』「方便品」)
그 까닭이 무엇이겠습니까? 부처님의 몸은 곧 법신이기 때문입니다.

아래 예문에서처럼 대답에서도 '也'를 쓴다.

12-8 如是佛土, 廣大無量, 可思議不? 答曰不也.(『華嚴經』「如來隨好光明功德品」)
이와 같은 불국토는 광대하여 한량없는데, 헤아릴 수 있겠느냐? 답하기를, 아닙니다.(헤아릴 수 없습니다.)

'也' 대신에 '耳'가 쓰이기도 하는데, 어세가 좀 더 강하다. 일반적인 한문에서는 '爾'도 쓰이지만, 불교경전에서는 거의 쓰이지 않는다.

12-9 仁者心有高下, 不依佛慧故, 見此土爲不淨耳.(『維摩詰所說經』「佛國品」)
그대의 마음에 높고 낮음(의 차별)이 있어 부처님의 지혜를 따르지 않기 때문에 이 국토를 보고도 깨끗하지 않다고 여기는 것뿐입니다.

12-10 此由如來威力所持, 亦是普賢神通自在, 使其然耳.(『華嚴經』「十定品」)

이는 여래의 위신력이 가진 바에서 말미암은 것이며, 또한 이 보현보살의 자재한 신통이 그렇게 시킨 것일 뿐이었다.

(2) 완료

여기서 완료란 어떤 행위나 사실이 이미 이루어진 상태만을 가리키는 것이 아니라 아직 행위는 시작되지 않았더라도 조건이 다 갖추어져 있어서 이미 이루어진 것과 다름이 없는 상태까지 포함한다. 이에는 '矣'가 쓰인다.

12-11 我已捨矣.(『維摩詰所說經』「菩薩品」)
나는 이미 놓아버렸다.

일반적인 한문에서는 완료를 나타내는 '已'(이미)가 동사 앞에 놓일 때 문말 조사로 '矣'가 쓰인다.[59] 위 예문에서 볼 수 있듯이 이는

---

59) 완료를 나타내는 '已'의 쓰임에 대해서는 11장의 (1)에서 다루었다.

불교한문에서도 별반 다를 게 없다. '已'가 쓰이지 않아도 '矣'가 완료를 나타내는 이유도 여기에 있다고 말할 수 있다.

> 12-12 當知, 皆從道場來, 住於佛法矣.(『維摩詰所說經』「菩薩品」)
> 모두 도량에서 와 (이미) 불법에 머물고 있음을 알아야 합니다.

'矣'가 완료를 나타낸다는 사실을 간과하고 위 예문을 "모두가 도량으로부터 나와 불법에 머물게 되는 것으로 알아야만 합니다"라는 식으로 번역하는 경우가 많다. 이는 오역이다. 다음 문답을 보라.

> 12-13 憶念我昔出毘耶離大城, 時維摩詰方入城. 我卽爲作禮而問言: '居士從何所來?' 答我言: '吾從道場來.'(『維摩詰所說經』「菩薩品」)
> 생각해보면, 예전에 제가 비야리대성을 나서려 하는데, 그때 유마힐이 막 성에 들어왔습니다. 저는 곧바로 인사를 하고 물었습니다. '거사께서는 어디서 오십니까?' 그는 저에게 대답했습니다. '나는 도량에서 옵니다.'

'吾從道場來'를 '나는 도량에서 왔습니다'라고 번역하지 않은 까닭은 완료를 나타내는 '矣'가 문장 끝에 놓여 있지 않기 때문이다.

만약 완료로 보고 번역을 한다면, 위 예문에 이어지는 문장의 내용과 어긋난다. 유마힐이 말한 '도량'은 시간과 공간 속에서 존재하는 것이 아니라 시간과 공간을 뛰어넘는 것이기 때문이다. 다시 앞의 예문 12-12를 보라. '도량에서 온다'는 그 사실로 말미암아 이미 '불법에 머물고 있다'는 상태가 이루어져 있다.

또 '矣'는 이론상으로나 사실상으로나 필연적인 결과를 나타내기도 한다.

12-14 起於我見如須彌山, 猶能發于阿耨多羅三藐三菩提心,
生佛法矣.(『維摩詰所說經』「佛道品」)
'나'라는 견해 곧 아집을 수미산만큼이나 세워야 오히려 아뇩다라삼먁삼보리의 마음을 일으켜서 불법을 낼 수 있습니다.

또 어떤 상황을 분명하고도 강하게 확인할 때에도 쓴다.

12-15 如是增上慢人, 退亦佳矣.(『妙法蓮華經』「方便品」)
이와 같은 증상만인은 떠나는 것이 또한 좋다.

12-16 行矣阿難! 勿使我等受斯恥也.(『維摩詰所說經』「弟子品」)
가시오, 아난이여! 우리에게 이런 부끄러움을 받게 하지 마시오.

12-17 善哉! 行矣. 今正是時.(『維摩詰所說經』「菩薩行品」)
훌륭하시군요! 그렇게 하십시오. 지금이 바로 그때입

니다.

(3) 제한

제한을 나타내는 문말 조사로는 '耳'와 '而已'가 쓰이며, '~일 뿐
이다, ~할 뿐이다'로 해석된다.[60]

12-18 非帝釋也. 是爲魔來嬈固汝耳.(『維摩詰所說經』「菩薩品」)
　　　이는 제석천이 아니오. 이는 마구니가 와서 참으로
　　　그대를 희롱하는 것일 뿐이오.

12-19 亦復不知何者是火, 何者爲舍, 云何爲失, 但東西走,
　　　戲視父而已.(『妙法蓮華經』「譬喩品」)
　　　게다가 무엇이 불인지, 무엇이 집인지, 무엇을 잃을
　　　지도 모른 채 그저 동으로 서로 뛰어다니며 놀면서
　　　아비를 흘끗 쳐다볼 뿐이었다.

(4) 의문

의문을 나타내는 데에는 '乎'와 '耶'가 널리 쓰인다.

---

60) '耳'가 강조를 나타내는 것에 대해서는 앞의 (1)에서 살펴보았다.

12-20 爲用何生, 得受記乎? 過去耶? 未來耶? 現在耶?(『維摩
詰所說經』「菩薩品」)

어느 생에 수기를 받으려 하십니까? 과거입니까? 미
래입니까? 현재입니까?

12-21 若佛是梵行者, 爲色是佛耶? 受是佛耶? 想是佛耶? 行
是佛耶? 識是佛耶? 爲相是佛耶?(『華嚴經』「梵行品」)

만약 부처가 범행이라면, 색온(色蘊)이 부처라 하겠습
니까? 수온(受蘊)이 부처라 하겠습니까? 상온(想蘊)이
부처라 하겠습니까? 행온(行蘊)이 부처라 하겠습니까?
식온(識蘊)이 부처라 하겠습니까? 모습을 부처라 하겠
습니까?

12-22 菩薩從初地來, 所有無量身語意業, 豈不超過二乘
耶?(『華嚴經』「十地品」)

보살은 초지에서부터 내내 한량없는 신업과 어업, 의
업을 지녔는데, 어찌하여 이승을 뛰어넘지 못합니까?

문장 전체는 의문문이 아니지만, 의문문을 그 일부로서 안고 있
는 경우도 있다.

12-23 時我世尊實懷慚愧, 得無近佛而謬聽耶, 卽聞空中聲
曰.(『維摩詰所說經』「弟子品」)

세존이시여 그때 저는 참으로 부끄러워서 '부처님을
가까이 모시면서도 잘못 들은 게 아닐까' 생각했는

데, 바로 그때 허공에서 소리가 들렸습니다.

12-24 我等每自思惟, 設得受記不亦快乎.(『妙法蓮華經』「授學無學人記品」)

우리도 늘 스스로, '수기를 얻는다면 이 또한 상쾌하지 않겠는가' 하고 생각하는데.

위의 두 예문에서 '得無近佛而謬聽耶'와 '設得受記不亦快乎'가 각각 의문문으로서 안겨 있다. 그런데 '設得受記不亦快乎'는 답을 요구하는 의문문이 아니다. 의문문의 형식이지만, 실제로는 상대의 동의를 구하거나 사실을 확인하는 또는 강한 긍정이나 강한 부정의 수사적 효과를 노리는 의문문으로, 흔히 '수사의문문'이라 한다.

12-25 唯大目連, 法相如是, 豈可說乎?(『維摩詰所說經』「弟子品」)

목건련이여, 법상은 이와 같은데, 어찌 설할 수 있겠습니까?

12-26 是義必明將無所惑, 同佛了義得無妄耶?(『楞嚴經』권1)

이 의미는 매우 명백하여 아무런 의혹이 없을 것이니, 부처님의 분명한 뜻과 같아서 잘못이 없겠지요?

12-27 汝已慇懃三請, 豈得不說?(『妙法蓮華經』「方便品」)

네가 이미 은근하게 세 번이나 청했는데, 어찌 설하지 않을 수 있으리오?

의문 대명사 '何, 誰, 孰' 따위가 쓰이면 문장 끝에 의문 조사가 쓰이기도 하지만, 쓰지 않는 경우가 더 많다.

12-28 誰有見斯不思議事, 而復樂於聲聞法乎?(『維摩詰所說經』「觀衆生品」)

누가 이 불가사의한 일을 보고 다시 성문법을 좋아하겠습니까?

12-29 於意云何? 如來得阿耨多羅三藐三菩提耶?(『金剛經』)

네 뜻에 어떠하냐? 여래는 아뇩다라삼먁삼보리를 얻었느냐?

12-30 正覺無礙智, 超過語言道, 其量不可測, 孰有能知見?(『華嚴經』「入法界品」)

정각은 걸림 없는 지혜라서 언어의 길을 초월하여 그 양을 헤아릴 수 없나니, 누가 알고 볼 수 있겠는가?

불교한문에서 독특하게 의문을 나타내는 방식이 있으니, 문장 끝에 '不'을 두는 것이다.

12-31 若有人問何以不轉女身, 是人爲正問不?(『維摩詰所說經』「觀衆生品」)

만약 어떤 사람이 왜 여인의 몸을 바꾸지 않는가 하고 묻는다면, 이 사람은 바르게 물은 것일까요?

12-32 汝觀比丘. 一人食時諸人飽不?(『楞嚴經』 권1)

너는 저 비구들을 잘 보아라. 한 사람이 먹을 때, 모
든 사람들이 배부를 수 있느냐?

(5) 감탄

감탄이나 탄식을 나타낼 때는 대개 '哉'를 쓴다.

12-33　上智哉! 是優波離所不能及.(『維摩詰所說經』「弟子品」)
　　　　참으로 빼어난 지혜로다! 이는 우바리가 미칠 수 없
　　　　는 바로다.

감탄문에서는 술어가 주어 앞에 놓이는 도치가 많다.

12-34　快哉此問! 令諸衆生不入邪見.(『楞嚴經』권8)
　　　　시원하구나, 이 물음은! 뭇 중생이 삿된 견해에 빠지
　　　　지 않도록 하는 것이니.

12-35　奇哉大導師! 自覺能覺他.(『華嚴經』「須彌頂上偈讚品」)
　　　　기이하도다, 위대한 스승이시여! 자신도 깨닫고 남도
　　　　깨닫게 하시니.

12-36　善哉善哉快說此法! 我等一切悉皆隨喜.(『華嚴經』「賢首
　　　　品」)
　　　　좋고도 좋구나, 이 법을 명쾌하게 설함이여! 우리들

모두 다 따라서 기뻐하도다.

위 예문들에서 '哉' 뒤에 놓인 명사나 명사구는 모두 주어다.

般若波羅蜜多心經

唐 三藏 法師 玄奘 譯

觀自在菩薩, 行深般若波羅蜜多時, 照見五蘊皆空, 度一切苦厄. 舍利子! 色不異空, 空不異色, 色卽是空, 空卽是色. 受想行識亦復如是. 舍利子! 是諸法空相, 不生不滅, 不垢不淨, 不增不減. 是故空中無色, 無受想行識, 無眼耳鼻舌身意, 無色聲香味觸法, 無眼界, 乃至無意識界, 無無明, 亦無無明盡, 乃至無老死, 亦無老死盡, 無苦集滅道, 無智亦無得, 以無所得故. 菩提薩埵, 依般若波羅蜜多故, 心無罣礙, 無罣礙故, 無有恐怖, 遠離顚倒夢想, 究竟涅槃. 三世諸佛, 依般若波羅蜜多故, 得阿耨多羅三藐三菩提. 故知般若波羅蜜多, 是大神咒, 是大明咒, 是無上咒, 是無等等咒, 能除一切苦, 眞實不虛. 故說般若波羅蜜多咒, 卽說咒曰: 揭帝揭帝, 波羅揭帝, 波羅僧揭帝, 菩提薩婆訶!

반야바라밀다심경

정천구 옮김

　관재자보살은 깊은 반야바라밀다에서 걸을 때 오온이 모두 공함을 비추어 보고 모든 괴로움과 재앙을 건너느니라. 사리불이여! 몸과 공이 다르지 않고 공과 몸이 다르지 않으니, 몸이 곧 공이요 공이 곧 몸이라. 느낌과 생각과 의지와 의식 또한 이러하니라. 사리불이여! 이 모든 법은 공의 형상이라 나지도 않고 사라지지도 않으며, 더럽지도 않고 깨끗하지도 않으며, 늘지도 않고 줄지도 않느니라. 이러하므로 공에는 몸도 없고 느낌과 생각과 의지와 의식도 없으며, 눈과 귀와 코와 혀와 몸과 뜻도 없으며, 모습과 소리와 냄새와 맛과 닿음과 법도 없으며, 눈의 경계도 없고 이어 의식의 경계까지도 없으며, 무명도 없고 또 무명이 다하는 것까지도 없으며, 늙고 죽음도 없고 늙고 죽음이 다하는 것까지도 없으며, 괴로움과 괴로움의 원인과 괴로움이 없어짐과 괴로움을 없애는 길도 없으며, 지혜도 없고 또한 얻음도 없으니, 얻을 것이 없기 때문이니라. 모든 보살은 반야바라밀다에 기대므로 마음에 꺼림도 걸림도 없고, 꺼림도 걸림도 없으므로 무서움과 두려움도 없이 뒤집힌 망상을 아주 떠나서 마침내 열반에 이르느니라. 과거·현재·미래의 모든 부처님도 이 반야바라밀다에 기대므로 아뇩다라삼먁삼보리를 얻느니라. 그러므로 반야바라밀다는 가장 신통한 주문이며 가장 밝은 주문이며 위없는 주문이며 견줄 것 없는 주문이어서 모든 괴로움을 없애고 참으로 알차며 헛되지 않은 줄 알아라. 그리하여 반야바라밀다의 주문을 설하노니, 주문은 곧 이러하니라.

"아제아제, 바라아제, 바라승아제, 보리사바하!"

* 위의 번역은 문법에 따라서 한 것으로, 이미 널리 알려진 것과 다를 수 있다. 그 점 참조하여 읽어 주시기 바란다.

찾아보기

아래는 문법적으로 중요한 허사(虛辭)들의 색인이며, 허사와 유사하게 쓰이는 실사(實辭)들도 포함되어 있다. 빗금 앞의 숫자는 본문의 쪽수이고, 그 뒤의 숫자는 예문의 번호다. 본문의 쪽수나 예문 번호 둘 가운데 하나만 제시된 것도 있다.

|가|

|사|

|아|

|자|

|차|

불교한문 해석법

초판 1쇄 발행 | 2020년 6월 15일
초판 2쇄 발행 | 2022년 9월 25일

지은이 | 정천구

펴낸이 | 윤재승
펴낸곳 | 민족사

주간 | 사기순
기획편집팀 | 사기순, 김은지
홍보마케팅 | 윤효진
영업관리팀 | 김세정

출판등록 | 1980년 5월 9일 제1-149호
주소 | 서울 종로구 삼봉로 81 두산위브파빌리온 1131호
전화 | 02)732-2403, 2404 팩스 | 02)739-7565
홈페이지 | www.minjoksa.org
페이스북 | www.facebook.com/minjoksa
이메일 | minjoksabook@naver.com

ISBN 979-11-89269-50-0 03220